臨済録提唱

中村文峰
Nakamura Bumpou

春秋社

序　文

本年は宗祖臨済義玄禅師千百五十年諱・日本臨済宗中興の祖白隠慧鶴禅師二百五十年諱（正当は二十九年）に当たり、臨済宗にとっては記念すべき年です。その遠諱に因み、このたび南禅寺派管長　香南軒中村文峰老大師の臨済録提唱を刊行することになりました。

臨済禅師は中国唐時代末の人で、亡くなられたのは八六七年一月十日と伝えられていますが、御誕生の年は分かっていません。その頃、唐は安史の乱を経て王朝は弱体化し、地方に動乱が起こっていました。臨済禅師はこのような不安な社会の中で人々に真実の生き方を説かれたのです。白隠禅師もまた江戸時代中期、社会を支える民衆に対して真の生き方を分かりやすく説いて教化を尽くされた祖師であり、日本臨済宗中興の祖と仰がれています。

臨済禅師は「赤肉団上《しゃくにくだんじょう》に一無位《いちむい》の真人《しんにん》あり」、即ち「生身の身体に、位も肩書きもなく、何ものにも束縛されない一人の絶対的自由な真の自分がある」と説かれました。そして八百数十年後に白隠禅師も「衆生本来仏なり」、即ち「誰もが生まれながらに仏心を具えもっている」と説かれています。従って自分自身が「無位の真人」でありうること、「仏心を具《そな》えもっている」ことを自覚することが禅の宗旨の肝要なところです。私たちは祖師方の体験を指針として自己を見つめ、内なる無垢清浄な心に気づいたとき、真実に立脚した生き方を見出すのです。

　さて臨済という名は、中国河北省石家庄（荘）市の郊外を流れる滹沱河《こだが》の畔にある寺の名前です。その河の渡し場、即ち「済し場」に臨むところから付けられました。臨済禅師は黄檗禅師・大愚禅師のもとで修行されたあと、動乱の中にあった鎮州《ちんじゅう》城（今の石家庄市）に赴いてその寺に住んだので「臨済禅師」と呼ばれているわけです。しかしこの名称は単に「渡し場に臨む」の意だけではなく「済度に臨む」という心も込められているのです。

　昨年秋、本年の臨済禅師・白隠禅師の大法要はじめ諸行事の無事円成を祈るため、中国河北省臨済寺を訪問された管長さまに随行いたしました。霧に包まれた滹沱河の畔に立った管長さまは、唐代末の動乱の中にあって弘法に尽くした臨済禅師に思いを馳せ、「臨済とは単に渡し場に臨むという意味だけではなく、済度に臨むという意味でもあることを強く感じた」と言われました。禅は心を救済する真理の教えであるが故に、不安な時代にあっても時代と地域を超えて光り輝くことと信じています。

本年から来年にかけては、遠諱に関する諸行事が奉修されています。三月四日より九日まで報恩の摂心会（坐禅・托鉢など）が東福寺大禅堂を中心に行われ、全国の臨済宗各僧堂の雲衲（修行僧）一二百二十名が参加して己事究明に励まれました。そして十日には本派管長さま導師のもと、同じく東福寺法堂において両祖師の大遠諱法要が奉修されました。これは臨済禅師と白隠禅師に対する報恩の誠を尽くす行事で、その教えを自己のものとし、その生き方を未来へ伝えていくことを誓う行事です。この法要には臨済宗各派管長さま・各派宗務の重役方・多数の尊宿方・また有縁の方々が参列され、荘厳かつ厳粛な行事が執り行われました。そして九月七日には、臨済禅師ゆかりの河北省石家庄市にある臨済寺において本派管長さま導師のもと臨済禅師遠諱法要が厳かに奉修され、日本側と中国側の僧俗およそ五百名が参列されました。

このように多くの行事が執り行われるなか、管長さまは臨済禅師の出身地である山東省菏澤《かたく》市に生誕碑を建立することを発願されました。これは臨済禅師の宗旨を尊び、その行履を顕彰するとともに、これによって法流が益々盛んになり、日中仏教交流そして日中両国友好の絆が永久に続くことを願うためであります。その碑文には、

「――臨済禅師の法嗣興化存奨禅師より今に至るまで歴代の祖師は法を伝えるに言を以てせず心を以て紹ぐ。故に臨済の宗は世世赫赫たり。現今世人の多くは迷衢を出で能わざるが如く、霧中の船路をゆくが如し。此の時に抵り、臨済の深奥は無明の迷霧を払尽せん。本年は正に臨済慧照禅師壱千壱百五十年大遠諱に当たる。余、昨秋荷澤市を訪う。此地は即ち臨済禅師生誕地曹州南華なり。三源寺等名刹あり。また臨済研究会を設立し禅師を懐しむ篤信者多くあり。方に日本臨済宗法縁の地なり。依って報恩ならびに日中友好仏教交流の為にこの塔様を建立す。――」

と記されました。この生誕碑の建立法要は臨済寺法要終わって九月八日に現地荷澤市で行われ、管長さま以下南禅寺側と、この碑の維持管理に当たられる荷澤市臨済研究会会員はじめ中国側の関係者が参列されました。

さて管長さまは本年の遠諱に因み、昨年四月より本年二月まで月一度、八月と三月を除いた十回にわたり、臨済録提唱の開講を企図されました。提唱とは禅宗において、文字言句では表現しきれない宗旨を、体験に基づき人々に提示して唱えることです。

臨済録は正式には「鎮州臨済慧照禅師語録」といい、臨済義玄禅師の言行を弟子たちが記録したものです。六祖慧能大鑑禅師ののち、南嶽懐譲禅師・馬祖道一禅師へと相承された頃には、日常生活の中で行われる師と弟子の問答や説法が記録されるようになりました。例えば、馬祖・百丈・黄檗・臨済の四代それぞれの弟子たちが記録した語録、『四家語録』が宋時代初頭に刊行されています。臨済録はこの中に原型を見ることができます。

しかし十二世紀になって、北宋の徽宗宣和二年（一一二〇）福州鼓山において臨済録が刊行され、この出版において形態が大きく変貌し、現在に及んでいます。即ち序文で臨済録の内容を述べ、それに続いて臨済禅師の対外的な説法・弟子との問答・最後に行動と伝記という形式です。この形態は日本にも齎されて、鎌倉時代の元応二年（一三二〇）に最初に日本において臨済録が出版されて以来、明治・大正まで引き継がれています。

このたび十回の内容の選択と順序、そして各段の表題は管長さまの御指示に従いました。提唱の講座会場は開基亀山法皇廟堂南禅院です。月ごとの内容は次の通りです。

四月　臨済禅師略伝

五月　随処に主と作れば立処皆な真なり

六月　破夏の因縁
七月　臨済栽松
九月　米を揀ぶ
一〇月　一無位の真人
一一月　家舎と途中
一二月　四料揀
一月　大悲千手眼について麻谷との問答
二月　光陰惜しむべし

この講座には毎回多数の僧俗方が聴講されましたが、その方々の中から「より多くの人々に御縁を広げていただけたら素晴らしいことです」というお言葉をいただきましたので、管長さまのお許しを得て、ここに提唱録を刊行することになりました。

本書は開催月の順序に従って各段を載せ、それぞれ原文・訓読・注釈・訳文・提唱を順番に記しました。慌ただしい毎日、座右に置いて御愛読くださることをお願い申しあげ、発刊の御挨拶といたします。

平成二十八年十月十日

南禅寺派宗務総長　蓮沼良直

臨済録提唱　目次

開講之偈

黄檗山頭喫苦酸
大愚肋下得眞観
壹阡壹百五旬歳
正法如今在此肩

右

香南軒

黄檗山頭《おうばくさんとう》に苦酸《くさん》を喫《きっ》し
大愚《たいぐ》の助下《ろっか》に眞観《しんかん》を得《え》たり
壹阡壹百五旬歳《いっせんいっぴゃくごじゅんさい》
正法《しょうぼう》今《いま》此《こ》の肩《かた》にあり

臨済録提唱

臨済禅師略伝

師諱義玄曹州南華人也俗姓邢氏幼而頴異長以孝聞及落髮受具居於講肆精究毗尼博賾經論俄而歎曰此濟世之醫方也非教外別傳之旨卽更衣遊方首參黃蘗次謁大愚其機緣語句載于行錄既受黃蘗印可尋抵河北鎭州城東南隅臨滹沱河側小院住持其臨濟因地得名時普化先在彼佯狂混衆聖凡莫測師至卽佐之師正旺化普化全身脫去乃符仰山小釋迦之懸記也適丁兵革師卽棄去太尉默君和於城中捨宅爲寺亦以臨濟爲額迎師居焉後拂衣南邁至河府府主王常侍延以師禮住未幾卽來大名府興化寺居于東堂師無疾忽一日攝衣據坐與三聖問答畢寂然而逝時唐咸通八年丁亥孟陬月十日也門人以師全身建塔于大名府西北隅勅諡慧照禪師塔號澄靈合掌稽首記師大畧

鎭州臨濟慧照禪師語録

住鎮州保壽嗣法小師　延沼　謹書
住大名府興化嗣法小師　存奬　校勘
住福州鼓山圓覺宓薖　宗演　重開

訓読

師、諱《いみな》は義玄。曹《そう》州南華《なんか》の人なり。俗姓は邢《けい》氏。幼にして頴異《えいい》、長じて孝を以って聞こゆ。落髪受具《らくはつじゅぐ》するに及んで、講肆《こうし》に居《きょ》し、精《くわ》しく毗尼《びに》を究め、博《ひろ》く経論を賾《さぐ》る。俄かに歎じて曰く、「此れは済世の医方なり、教外別伝《きょうげべつでん》の旨に非ず。」と。即ち衣を更《か》えて遊方す。首《はじ》め黄檗に参じ、次いで大愚に謁す。其の機縁の語句は行録《あんろく》に載せたり。既に黄檗の印可を受け、尋《つ》いで河北に抵《いた》る。鎮州城の東南の隅、滹沱河《こだが》の側に臨んで小院に住持す。其の臨済は地に因って名を得たり。時に普化は先に彼《かしこ》に在って、佯狂《ようきょう》として衆に混ず。聖凡測《はか》ること莫し。師至れば即ち之を佐《たす》く。師、化《け》を旺《さか》んにするに正《あた》って、普化、全身脱去す。乃ち仰山小釈迦の懸記《けんき》に符《かな》えり。適《たま》ま兵革に丁《あた》って、師即ち棄て去る。大尉黙君和《もくくんわ》、城中に於て宅を捨てて寺と為し、亦臨済を以って額と為して、師を迎えて居らしむ。後に衣を払って南邁《なんまい》して、河府に至る。府主王常侍、延《ひ》くに師の礼を以ってす。住すること未だ幾《いく》ばくならざるに、即ち大名府の興化寺《こうけじ》に来たって東堂に居す。師、疾《しつ》無くして、忽ち一日衣を摂《おさ》めて拠坐《こざ》し、三聖と問答し畢《おわ》って、寂然《じゃくねん》として逝《ゆ》く。時に唐の咸通《かんつう》八年丁亥《ていがい》、孟陬《もうすう》の月十日なり。門人、師の全身を以って塔を大名府の西北隅に建つ。勅して慧照禅師と諡《おくりな》し、塔を澄霊《ちょうれい》と号す。合掌稽首《けいしゅ》して、師の大略を記す。

鎮州の保寿に住する嗣法の小師延沼謹んで書す。

大名府興化に住する嗣法の小師存奨校勘す。

鎮州臨済慧照禅師語録終り。

福州鼓山円覚に住する苾蒭宗演重開す。

注釈

【曹州】山東省袞州府《こんしゅうふ》、『読史方輿紀要』三十三、「唐初には亦た曹州と曰う。天宝の初め、又済陰郡、乾元の初めに故に復す。五代後晋、開運二年、威信軍節度使を置く。」

【南華】

『読史方輿紀要』三十二、「山東省、曹州離孤城＝天宝の初め、改めて南華県と為す、仍ち曹州に属す。」『中国地名辞典』現山東省菏澤県東明。

【邢氏】

『疏瀹』によると、「周公の第四の子を邢に封ず。伝に所謂《いわゆる》邢茅胙、周公の胤を祭ると、是れなり。子孫、国を以って氏と為す。」

【穎異】

才能の類を抜ける者をいう。

【受具】

出家して具足戒を受けること。

【毗尼】

戒律。

【博く経論を賾る】

経論を深く研究したこと。

【教外別伝の旨】

経論によらず、直接に仏心を究める宗旨。すなわち禅宗の道理。

【衣を更えて】

経者の服を脱ぎ、改めて禅者の衣を着ること。

【遊方】

師を尋ねて行脚すること。

【印可】

師の正法を得たる印。

【尋いで河北に抵る】

王博文撰『真定十方臨済慧照玄公大宗師道行碑録』「唐宣宗大中八年、行脚して真定に至り、城の東南の臨済院に住す。」これによれば、大中八年（八五四）に河北に住し、遷化まで十四年間の活躍である。

【滹沱河】

山西省泰戯山より正定県を通り五四〇キロ、黄河に合流する。

【佯狂として衆に混ず】

徳を晦《くらま》して世俗の中に隠れること。

【仰山小釈迦】

『聯燈会要』八、仰山寂禅師の章（卍続蔵一三六冊）「一日、一異僧有り、空に乗じて来り作礼して立つ。師、問う、『近離甚《いず》れの処ぞ。』云く、『早晨西天を離る。』師云く、『何ぞ太遅生なる。』云く、『遊山翫水。』師云く、『神通妙用は即ち尊者云く、『特に東土に来たって文殊を礼せんとせしに、却って小釈迦に遇う。遂に西天の貝多葉を出して師に与え、作礼して空に騰って而して去る。』」これより仰山を称して小釈迦という。

【懸記】

後事を予言すること。

【適ま兵革に丁って】

抃州《べんしゅう》軍の趙州（真定府）への進攻をさす。

【大尉】

武官の最高位。

【黙君和】

『疏瀹』によると、黙は墨に音通とし、『太平広記』一九二（「劉氏耳目記」所載）の黙君和とする。黙君和、年十五、六趙王・鎔の即位（八八二）の時謁見、燕王李匡威よりの攻撃を受けた王を救い、終生官位と富を受けたという。但し年代が臨済より少し後になる。

【宅を捨てて寺と為し】

『老学菴筆記』十、陸遊（一一二五―一二〇九）著、「保寿禅師、臨済の塔銘を作って曰く、師、黄檗の印可を受く。尋ねて河北に抵り、鎮州城の東、滹沱河の側に臨む小院に住持す。名づけて臨済とす。後、墨君和大尉、城中に宅を捨て寺と為す。（墨君和の名は『唐書』及び『五代史』に見ゆ。）其の事、甚だ詳し。近ごろ呂元直（一一三九没）丞相の『燕魏録』を見るに、真定安業坊の臨済院はもと昭憲杜太后の故宅なり。」と。以上のように戦乱により、臨済院も移動したことが推測できる。

【河府】

河北府、当時成徳府と称す。

【大名府】

魏州で魏博節度使の管下、『読史方輿紀要』十六、「天宝の初めに魏郡といい、乾元の初め復た魏州という。建中三年田悦、命を拒み、魏王を称し、潜かに魏州を改め、大名府と為す。」

【興化寺】

臨済の弟子興化存奨の住した所。

【東堂】

隠居所。『禅林象器箋』「前住人是れ旧主、故に東堂に居す。」

【咸通八年】

唐、懿宗《いそう》の代、八六七年。『祖堂集』十九、『伝燈録』十二（大正蔵五一）『天聖広燈録』十などは咸通七年丙戌四月十日将示滅、八六六年説をとる。

【師の全身を以って】

全身を奉じて土葬にすること。

【鎮州保寿】

『伝燈録』十二（大正蔵五一）「臨済義玄禅師法嗣鎮州宝寿沼和尚註第一世住」とある。

訳

師、諱は義玄。曹州南華（山東省）の出身で、俗性は荊氏。幼い時から衆に秀で、成人してからは孝行で有名であった。出家して具足戒を受けると、経論の講席に身をおいて、綿密に戒律を研究し、また広く経論を学んだが、にわかに嘆いていった。「これらは世間の人々を救う医師の処方箋にすぎない。教外別伝の宗旨ではない。」と。すぐに禅僧となって行脚にでかけ、まず黄檗禅師に参じ、次に大愚和尚の指導を受けた。そのときの出会いや問答は行録に詳しい。

黄檗の印可を受けてから、河北地方に行き、鎮州城の東南隅、滹沱河のほとりに臨む小院に住職した。その寺を臨済と呼んだのは、渡し場に臨むという、この場所がらからいうのである。すでにそこには普化和尚がいて、狂者の風をして衆人の中に交わり、聖人なのか凡人なのか測り知れなかった。師が住職すると、これを輔《たす》けた。師の教化が盛んになると、普化は全身脱去した。これは小釈迦といわれた、仰山の予言のとおりになったわけである。

そのうち、たまたま戦火に遭ったのでその寺を立ち退き、大尉の黙君和が城内の自宅を喜捨して寺とし、同じく「臨済」という額をかかげて、師をそこに迎えた。

後に、またここも去って南方に行き、河北府に行かれると、王府知事が師の礼をもってお招きした。そこに住して、いくらもたたないうちに河北省の大名府の興化寺に行き、隠寮に住まわれた。師はある日、病を得ることなしに、威儀を正し坐って、三聖との問答を終えて、静かに遷化された。時に唐の咸通八年丁亥《ひのとい》（八六七）の正月十日であった。門人たちは師の全身を納めた塔を大名府の西北の隅に建てた。勅によって「慧照禅師」という諡号が贈られ、「澄霊」という塔名を賜った。ここに合掌礼拝して、師の生涯のあらましを記す。

鎮州臨済慧照禅師語録終り。


鎮州の保寿に住する嗣法の弟子延沼、謹んで書く。

大名府興化に住する嗣法の弟子存奨校勘す。

福州鼓山の円覚に住する出家宗演重開す。


臨済禅師の略歴であるが、多くの疑問点がある。たとえば宅を捨てて寺とした大尉黙君和との年代的な差、南邁して興化寺の東堂に入った理由、没年の咸通八年一月十日と咸通七年四月十日の二説、全身を土葬にしたのと荼毘にしたという二説など、臨済の晩年ははっきりしない点が多い。

しかし、歴史的な事実はしばらく措き、宗教的事実として三聖との正法眼蔵の授受は終り、正法は脈々と現在に伝わっていることは慶賀に堪えない。

提唱

臨済禅師一一五〇年遠諱を期して、本日より一年間、臨済録を提唱することになりました。

――師、諱は義玄。曹州南華の人なり。俗姓は邢氏。幼にして頴異、長じて孝を以って聞ゆ。落髪受具するに及んで、講肆に居し、精しく毘尼を究め、博く経論を賾る。俄かに歎じて曰く、此れは済世の医方ならん。教化別伝の旨に非ずと。――

臨済禅師の略歴について皆さんはご存知かと思いますが、本日は第一回目でありますので、臨済禅師はどういう人か。念のため略伝を読むことにいたします。

臨済禅師、諱は義玄。山東省と河北省とが接する済南の北方に南華というところがありまして、そこでお生まれになりました。俗姓は邢氏。幼して頴異、長じて孝を以って聞こゆ。中国において一番の徳目は孝であります。どれだけ深く孝行であったか。それが最も尊ばれる略歴であります。日本の政治家の略歴で孝行であったというのは一字も載っておりませんけど、中国では孝行が尊ばれる。唐の始祖の李淵、あの人も孝行で唐の国を建てたと言われている。孝行で人々の信用を得たと言われるくらいに孝行ということは第一の徳目。落髪受具するに及んで講肆に居し、精しく毗尼を究めた。たくさん勉強して、そして経論を修めた。けれどもこの経論は薬の効能書きであり、済世の医方であって教外別伝の旨に非ず。本当のところはどういうことだろうか。お経本にはわるいですけど、お経本の施政方針のようなことだけではどうしようもないぞ。即ち衣を更えて諸方に遊方す。

そして黄檗山に行きまして黄檗に参じ、のち大愚に謁す。その経緯は色々と書いてありますから省略いたしますが、その機縁の語句は行録に載せたから、詳しく知りたい人は行録を見なさいと言っておる。既に黄檗の印可を受け、次いで河北に抵る。河北省に来て、鎮州城の東南の隅、滹沱河の側に小院を結んで住しておった。地形が滹沱河に沿っておって、たまたま渡し場に臨んでおると言うことで「臨済」と名付けたということである。

すでにそこに普化和尚が来ていて色々と手伝いをしてくれて、それが済んだと思ったら、普化和尚はさっと死んでしまった。その時、普化和尚は自分の棺桶を担いで四方に歩いて行って、「死ぬぞ、死ぬぞ」と公告したということである。まあその経緯は普化和尚の段に載っておるので省略します。

そののち大尉黙君和が城中の自宅を喜捨して臨済を請じて師とした。後に衣を払って南邁して河府に至る。そこでは府主王常侍と親しく経論を論じ、いよいよ遷化するに及んで、拠坐して三聖と問答し畢って寂然として逝った。皆さんがご存知のように問答を交わして、そうして亡くなった。時に唐の咸通八年丁亥孟陬の月十日、この日は臨済忌として我々もお経を読んでおります。門人は師の全身を以って大名府の西北隅に塔を建てた。勅して慧照禅師といい、塔を澄霊と号す。

これが臨済禅師の一生でありますが、いま興化寺は荒涼たる野原にありまして荒れ果てております。村人に「興化寺の跡はどこだ」と訊くと、「その辺りだ」、「臨済の塔はないのか」、「いやぁそこら辺を見たらあるんじゃないですか」と。見ても聞いても何もない。遠々たる先の村長のお宅に行くと、「これはあそこのコウリャン畑の中から拾ってきた塔だ。これは段になっておるから花壇にするのにちょうどいい。」小鉢に花をいれて、そして煙草を吸って大法螺を吹いておる。何と情けないと思っておったんだけれども、石家荘の交通の便の良い所に建てられて、全ての法要はそこで行なっておる。興化寺まで行くということは殆どないように思われる。場所も『邯鄲一炊の夢』で知られている邯鄲という駅から南東へ随分と離れている。正定は幹線の所ですぐ降りられるので、我々は何回か行ったことがある。もとは野原の中に斜めの一本の塔があって、「あれが臨済塔である。誰も住んでない」と言う。

その頃私は多治見（虎渓山）に住んでいた。近所に飴屋があって、「むこうへ行ったら、子供たちが来たら飴をやってくれ」と言って大きな袋を二つも三つもくれたので、それを供養に一人ずつやったら、うわさを聞いて忽ち何百人と集まってきて飴が足りないくらいであった。飴の中に乾燥剤が入っておって、「それを食べたらいけない」と言って歩かなければならなかった。何のために飴をあげたか分からんようになって、まぁ最初の臨済のお墓参りはそんな程度であった。

ついでに趙州和尚の塔にもお参りしようと思って訪ねてみた。なかなか見つからない。ある工場の中にやっと探し当ててお経を読んでおると、工場の中から人が出てきて「何しとるんですか」と言うから、「これは趙州塔だ」と応えると、「それは知らなんだ」と。「じゃあ一緒にお経を読みましょう」と言ってお経を読んだのであるけれども、最近は臨済寺と同じように立派な趙州のお寺が出来て、和尚さんも度々北京まで出て来て応対してくれておる。

今思えば斜めに立った臨済塔が懐かしい。あまりきちっとなったのは嬉しくない。まあそういうようなのが臨済禅師の略伝である。咸通八年丁亥、孟陬の月十日なり。門人、師の全身を以って塔を大名府の西北隅に建つ。勅して慧照禅師と諡し、塔を澄霊と号す。合掌稽首して、師の大略を記す。こうして一一五〇年脈々と正法が嗣がれ、今日ここに第一回の臨済録を提唱し、師の遺徳を偲ぶということは非常に意義あることであり、今日はそのためのことで終わりとする。

一一五〇年、臨済宗が続いてこのような立派なお坊さん方が集まりまして開講を迎えることができました。立派な講義ではありませんでしたが、意義ある第一回目の講義。正法如今。この正法は諸君の肩に託されたという気概で、この一年間、臨済を偲んでその発展を誓うということにいたします。

本日はこれまで。

臨済禅師生誕碑

随処作主立処皆真

師示衆云道流佛法無用功處祇是平常無事屙屎送尿著衣喫飯困來卽臥愚人笑我智乃知焉古人云向外作工夫總是癡頑漢你且隨處作主立處皆眞境來回換不得縱有從來習氣五無間業自爲解脫大海

訓読

師、衆《しゅ》に示して云く、「道流、仏法は功を用いる処無し。祇《た》だ是れ平常《びょうじょう》無事《ぶじ》なり。屙《あ》屎《し》送《そう》尿《にょう》、著衣《じゃくえ》喫飯《きっぱん》、困《こん》じ来たれば即ち臥《ふ》す。愚人《ぐにん》は我れを笑うも、智は乃ち焉《これ》を知る。古人云く、『外に向かって工夫を作《な》す。総に是れ癡頑《ちがん》の漢。』と。你、且《しばら》く随処に主と作れば、立処皆な真なり。境来たれども回換《えかん》することを得ず。縦《たと》い従来の習気《じっけ》、五無間《むげん》の業《ごう》有るも、自《おのずか》ら解脱の大海と為る。」

注釈

【功を用いる処無し】

意識的に修行造作すること。

【屙屎送尿、著衣喫飯】

大小便をする。衣装をつけ、飯を喰う。日常生活。

【智は乃ち焉を知る】

智は智人。「一真実の自己」を自覚した人。『伝燈録』三十、南嶽懶瓚和尚楽道歌（大正蔵五一）「饑え来たれば飯を喫し、困じ来たれば即ち眠る。愚人我れを笑う。智は乃ち知る。是れ痴鈍なるにあらず。」と。

【古人云く】

明瓚和尚のこと。北宗禅《ほくしゅうぜん》、普寂（六五一—七三九）の弟子。南嶽《なんがく》に庵居し懶瓚、また嬾残と呼ばれた。勅使に応答せず、涕水を拭わなかった故事は有名。『太平広記』九十六、嬾残章、「嬾残は唐の天室の初め衡嶽寺の執役僧なり。食を退《や》めば即ち収むる所、余して食らう。性、嬾にして食、残す。故に残と号するなり。」『宋高僧伝』十九（大正蔵五〇）「釈明瓚は、まだ氏族生縁を知らず。初め遊方して嵩山に詣ず。普寂盛んに禅法を行う。瓚往いて之に従う。然れば則ち黙して寂の心契を証するも、人の推量することなし。尋いで衡嶽において閑居す。」

【外に向かって工夫を作す。総に是れ癡頑の漢】

『伝燈録』三十、懶瓚歌（大正蔵五一）「兀然として無事に坐すれば、何ぞ曾て人の喚ぶこと有らん。外に向かって工夫を求むは、総に是れ癡頑の漢なり。」

【随処に主と作れば、立処皆な真なり】

出合った立場において「一真実の自己」を充分働かせれば、その働きはすべて真実である。『肇論』不真空論第二（大正蔵四五）「世尊は真際を動ぜず、諸法の立処を為す。真を離れて立処なるに非ず。立処即ち真なり。」

【習気】

衣類などに残る移り香のように、行動に習慣として残る影響力を云う。「熏習」（Vasana）

ともいう。『大智度論』二（大正蔵二五）「阿羅漢、辟支仏三毒を破すると雖も、余気故《もと》より在るが如し。」

【五無間の業】
無間地獄に堕ちる五つの大罪。五逆罪→一、父を殺す。二、母を殺す。三、阿羅漢を殺す。四、仏身を損い出血させる。五、教団の和合を破る。

【解脱】
（梵）Vimukti 縛る物、すなわち煩悩を脱して自由になること。

訳

師は修行僧に言った。「お前たち、仏法には特別の計らいを用いることは何もないのだ。ただ平常、日常生活において『一真実の自己』が諸般のことに晦《くら》ませられず無事であることだ。大小便をしたり、着物を着たり、飯を食べたり、疲れたらすぐ横になる。愚者《ぐしゃ》は自分と同じことだと笑うだろうが、『一真実の自己』を自覚した人は、これらは『一真実の自己』が行じているということを見てとるのである。古人も言った。『外に向かって工夫を作す。

総に是れ痴頑の漢。』（外見上のことや外の人の言葉などについて廻る人間は、うつけ者である。）と。お前たちはおかれた立場で『一真実の自己』を充分働かせれば、その働きはすべて真実である。どんな境遇がやってきても『一真実の自己』を晦ますことはできぬ。たとえば、これまでの悪因縁により沁《し》みこんだ余習や、五逆の大罪を犯して無間地獄に落ちるような行いがあっても、それらは自然に従来の悪行から解脱する大海となるだけの働きが、『一真実の自己』を自覚したものにあるのである。」

有名な「随処に主と作れば、立処皆な真なり。」の言葉のある章である。『肇論』に「真を離れて立処があるのではない。立処すなわち真である。」と述べているように、真実の法に立脚してこそ、処々、みな真であり、平常無事であり、日常生活が真実なのである。

提唱

——師、衆に示して云く、道流、仏法は功を用いる処なし。祇だ是れ平常無事なり。屙屎送尿、著衣喫飯、困じ来れば即ち臥す。愚人は我を笑うも、智は乃ち焉を知る。古人云く、外に向って工夫を作す。総に是れ痴頑の漢と。なんじ且く随処に主と作れば、立処皆な真なり。境来たれども回換することを得ず。縦い従来の習気、五無間業有るも、自ら解脱の大海と為る。

――

師は大衆に向かって言った。お前たちは仏法に特別な計らいを用いることは何もない。ただ平常、日常生活において、真実が諸般のことにくらまされずに無事であることだと。外に求めても何も出てこないのだ。自分自身の中に知れと。你、且く随処に主と作れば立処みな真なり。今日の提唱でここが一番のところである。提唱と言うのは、提げ唱える。「どうだこの通りだ」ということである。随処に主と作れば立処みな真なり。どんな境遇がやってきても、自分が解脱の大海となるだけの用きがなければだめだ。

私も昭和十五年、十歳の時にお寺の小僧になりまして、東京駅から大哉庵《だいさい》（中村泰祐老師）と一緒に白切符で乗りました。私は子供扱いで半額くらいじゃなかったかと思うんですけれども。当時、白切符の次は青切符がありまして、二等です。三等が赤切符で一般の人が乗る。随処に主となれば立処みな真なり。その白切符を貰って東京駅で待ち合わせ、山口の小郡に行って、山口線で山口市まで行って、歩いて洞春寺《とうしゅんじ》まで行きました。タクシーというのはあまり使ったことがないように思います。

寺に着いて間もなく、先輩の小僧さんが柝《たく》を三つ打った。それは大哉庵老師に風呂へ入る時刻を知らせる合図です。それで私もついて行ったら、老師が「入れ。」風呂へ入って、それから次の日も柝が三つ鳴ったから、老師がまた風呂に入りに行かれるのだと思ってついて行きました。そしたら「お前は今日から小僧だ。わしと一緒に入るのは昨日だけでよい。」

随処に主となればみな真なり。その立場立場できちっとやれ。昨日の通りやったら怒られてしまって、「随処に主となれば立処みな真なり」という言葉をその時に初めて知り、風呂に入るのもなかなか難しいものだなと感じたわけです。次の日、風呂を掃除して風呂焚きをして、そして柝を三つ打つと、今度は老師が一人で来た。風呂へ入ると合図のように放屁一発。ブクブクブクブクッと何かが上がる。あれは風呂へ入ったという合図だと。お前は表に行って、「お加減いかがですかと聞け。」と言われた通り、お加減いかがですかと聞くと、「う〜ん。」またブクブクブクブクッと何かが上がってくる。まぁそれで小僧になった。いよいよ今日から小僧だ。立処みな真なり。小僧であれ、老師であれ、その立場を全うしてこそ立処みな真なりだ。

それから毎日大変でした。朝、朝課を読んで、毛利元就公の菩提寺ですから、「洞春寺殿奥州前司贈三品十州太守日頼洞春公大居士」と言って回向しなければなりません。ちょっと戒名も長すぎるなと思ったけど頭に入っている。元就公に開甘露門を読み、小僧は小僧なりにやらねばいけない。その場その場で真実を尽くしていく。境来たれども回換することを得ず。色々な誘惑はあったとしても、昨日まで東京の小学生であったとしても、今日からは、境が変わってきても、真実そのものは変わることはない。回換することを得ず。そしていろいろしみこんだ余習や従来の習気から解脱することができる。解脱の大海となす。

寺では師匠が泰祐《たいゆう》という名前なので、弟子には動物の名前に「泰」をつけておったらみな戦死してしまった。こりゃあいかんぞと言うので、私の頃から泰巖《たいがん》、つまり岩、これは死ぬことはないだろう。そして私には石、これは転がしても大丈夫だろう。十何人かの小僧がみんな死んでしまいまして、泰巖と私が残りましたが、泰巖が亡くなって私が辛うじて生きております。境来たれども回換することを得ず。どんな立場に立っても、泰の字を戴いてやっていくよと。

色々苦しいことがありました。開枕《かいちん》(就寝)前の九時には、どんな所にいても韋駄天さまの前でお経を読んで、そして守夜に廻って「お休みなさいませ」と言って、やっと一日が終わるわけです。薬石（夕食）は早いですから、その頃には腹が減ってきておる。それで高山泰巖と一緒にお茶湯の薬缶に米を入れまして、風呂の残り火で飯を炊いて食べたもんです。殊に戦争中のことで茶碗もむろんありませんから、お茶湯の茶碗に盛り、お互いに一口食っては、次は「おい、お前」といって食べました。何をおかずに食べたのか思い出せません。なんにもおかずがなかったように思います。だけど今まで食べた食事でこの時の御飯が一番おいしかったように思います。境来たれども回換することを得ず。きちっとやっておれば大法の加護がある。たとえ従来の習気、五無間の業あるとも。従来の習気そのものは衣類などに残る移り香のようなもので行動に習慣として残る影響力で熏習といいます。先輩方が悪い習慣を残しておったんです。でも全部その人たちが戦死されたということがありました。そして死なないでいいようにと命名を変えて、巖と石とを付けてくれたお陰だと思っております。国歌に「さざれ石の巌となりて」という一節があります。高山泰巖師は七十歳前後で亡くなりましたが、一番早く死ぬのではないかと思われていた私が何とか五無間の業あるとも、それを吹き消して自ら解脱の大海として、何とかこの玄海の荒波を越えておる次第であります。

師匠の泰祐老師が建仁寺の管長をしておられましたので、私は建仁寺に投宿して南禅僧堂に掛搭《かとう》しました。柳行李一つもって、知恩院の前を通ると、お乞食さんがおりまして、その前を通ると、お乞食が金をくれて、「しっかりやれよ」と言われました。「あんた、私が僧堂に行くのが分かっておるのか」と言ったら、「そりゃあ分かっておるよ。そんな大きな行李を持って知恩院の前を横切るような人はそういない。」「よし、そのうち返すからなあ。こりゃあ貰っておこう。」知恩院さんの前で乞食に、お乞食さんですなあ。乞食なんて呼び捨てにしたら相すまん。お乞食さんに鞋資《あいし》を貰って、そして南禅僧堂に「タノミマショウ」をかけました。

ちょうど雨が降った日です。草鞋がジトジトになっておる。名前は言えませんが、草鞋を振るっておいて竿に掛けてくれた人がおって、ビショビショであった草鞋が乾くまでいきませんでしたが、履けるようになって、また次の日も「タノミマショウ」。そして追い出される。「三門を一周して来い。」「そうですか。」三門を一周して、そしてやっと二日で許されるのかと思ったら、次は五日間、旦過詰《たんがづ》めをせよ。旦過詰めをやられた方があるでしょうけれども、ひびが入ったような壁に向かい合って五日間を過ごさなけりゃあならん。おまえあの壁のひび割れがお父さんかお母さんの顔に見えなんだか。いやぁそこまでは見えなんだけど、何か色々な形に見えましたなぁ。でも旦過詰めが終わって改めて見てみると、何でもない只のひび割れで、所々落書きもありました。従来の習気や五無間の業があっても、今まで生きてきた色々なこだわりを捨ててしまう。そして自ずから解脱の大海に入っていく。随処に主となればみな真である。

臨済もたびたび、あちらこちらの僧堂に行って、早く言えば僧堂破りのようであったと。「いま径山《きんざん》では参禅をしていない」という風聞が伝わってきた。よしそれではわしが行って確かめてみよう。若気の至りで臨済が径山まで行って、和尚たちはどうしているのかな。どうも参禅もなさそうだ。東から過ぎ西に過ぎ、そして「喝《かつ》」「喝」と言って、そして去る。径山のその時の和尚は名が残っておりませんけれども、びっくりして「そうか喚鐘を出さないということが全国に知れわたっておるのか。」よしそれならばといって、草鞋を履いて径山を去ってしまった。臨済は一言も何も言わないのだけれども、東から過ぎ西に過ぎ、「喝」「喝」と言って、そうして径山を立派な寺に変えた。例えば達磨さんの塔のある寺でも、寺がなかったのですけれども、福島慶道老師が建て直していま立派な寺になっています。あんたは福島師の知り合いか。ここを建ててくれんかと言われてびっくりしたことがあります。私が虎渓山におった頃、教誨師の連盟の方の寺が立派になりまして、我々も墨跡を寄付したら、誰かが「あんたの掛かってたよ」と教えてくれました。

中国は漢字の国でありますから、中啓も字が書いてあれば大切にしてくれる。名古屋の徳源の老師さんも私と競争のように中国に行って、「あんたの中啓《ちゅうけい》があったよ」と言われました。要らん物をあげるよりその方が良かったかなあと思うのであります。従来の習気、五無間の業あるとも自ずから解脱の大海と為す。

臨済禅師の一一五〇年遠諱。来年の三月と九月に、三月は東福寺さん、九月は臨済塔の前で御遠諱の法要をやることになっておる。その間、ひと月に一回、皆さんとお会いすることになっております。それでは全部読んで終わりとします。

師、衆に示して云く、「道流、仏法は功を用いる処無し。祇だ是れ平常無事なり。屙屎送尿、著衣喫飯、困じ来たれば即ち臥す。愚人は我れを笑うも、智は乃ち焉を知る。古人云く、『外に向かって工夫を作す。総に是れ癡頑の漢。』と。你、且く随処に主と作れば、立処皆な真なり。」今日はこの随処に主となれば立処皆な真なり。その立場立場においてまことを尽くす。たとえ風呂焚きの仕事であっても真を尽くす。僧堂へ入ったら風呂焚きの仕事もありますけれども、随処に主と作れば、みな真実を尽くして仕事をする。境来たれども回換することを得ず。縦い従来の習気、五無間の業有るも、自ら解脱の大海と為る。

今日はこれまで。

破夏の因縁

師因半夏上黄檗見和尚看經師云我將謂是箇人元來是揞黑豆老和尚住數日乃辭去黄檗云汝破夏來不終夏去師云某甲暫來禮拜和尚黄檗遂打趁令去師行數里疑此事卻回終夏師一日辭黄檗檗問什麼處去師云不是河南便歸河北黄檗便打師約住與一掌黄檗大笑乃喚侍者將百丈先師禪版机案來師云侍者將火來黄檗云雖然如是汝但將去已後坐卻天下人舌頭去在後潙山問仰山臨濟莫辜負他黄檗也無仰山云不然潙山云子又作麼生仰山云知恩方解報恩潙山云從上古人還有相似底也無仰山云有祇是年代深遠不欲舉似和尚潙山云雖然如是吾亦要知子但舉看仰山云祇如楞嚴會上阿難讚佛云將此深心奉塵刹是則名爲報佛恩豈不是報恩之事潙山云如是如是見與師齊減師半德見過於師方堪傳授

訓読

師、因《ちな》みに半夏《はんげ》に黄檗に上り、和尚の看経《かんきん》するを見て、師云く、「我れ将《まさ》に謂《おも》えり是れ箇《こ》の人と。元来是れ揞黒豆《あんこくず》の老和尚なるのみ。」住すること数日にして乃ち辞し去る。黄檗云く、「汝は夏《げ》を破って来たり。夏を終えずして去るや。」師云く、「其甲《それがし》暫く来たって和尚を礼拝す。」黄檗、遂に打して趁《お》って去《さ》らしむ。師、行くこと数里、此の事《じ》を疑って却回《きょうい》して夏を終う。

師、一日、黄檗を辞す。檗問う、「什麼《いずれ》の処にか去《ゆ》く。」師云く、「是れ河南にあらずんば便ち河北に帰せん。」黄檗便ち打す。師、約住して一掌を与う。黄檗大笑して、乃ち侍者を喚ぶ、「百丈先師の禅版《ぜんぱん》机案《きあん》を将《も》ち来たれ。」師云く、「侍者、火を将ち来たれ。」黄檗云く、「是の如くなりと雖然《いえど》も、汝但《た》だ将ち去れ、已後《いご》、天下の人の舌頭を坐却《ざきゃく》し去ること在らん。」と。

後に、潙山《いさん》、仰山《ぎょうざん》に問う、「臨済、他《か》の黄檗に辜負《こふ》すること莫《な》きや也《ま》た無《いな》や。」仰山云く、「然らず。」潙山云く、「子《なんじ》、又作麼生。」仰山云く、「恩を知っては方《まさ》に解《よ》く恩を報ず。」潙山云く、「従上の古人に、還《ま》た相似たる底有りや也《ま》た無《いな》や。」仰山云く、「有り。祇《た》だ是れ年代深遠《じんおん》なり、和尚に挙似《こじ》することを欲せず。」潙山云く、「是の如くなりと雖然《いえど》も、吾も亦た知らんと要《ほっ》す。子《なんじ》、但だ挙し看よ。」仰山云く、「祇だ楞厳《りょうごん》会上《えじょう》に、阿難の仏を讃して、〈此の深心《じんしん》を将《も》って塵刹《じんせつ》に奉ぜん。是れを則ち名づけて仏恩を報ずと為す。〉と云うが如きは、豈に是れ報恩の事にあらずや。」潙山云く、「如是、如是、見《けん》、師と斉《ひと》しきときは、師の半徳を減ず。見、師に過ぎて、方《まさ》に伝授するに堪えたり。」

注釈

【半夏】

夏安居《げあんご》の中半の日。夏安居は雨安居とも云い、四月十五日より七月十五日の修行の期間。

半夏は六月一日、期間中は禁足、この禁を破ることを破夏《はげ》という。


【揞黒豆】

黒豆は経文の漢字のことで、揞黒豆は経文を読むこと。『伝燈録』十二、臨済の章（大正蔵五一）「元来是れ唵黒豆の老和尚。」唵はつまむ。黒豆を摑んで口に入れることで、経文を読むこと。「揞」は「唵」の音通。

【此の事を疑って却回して夏を終う】

黄檗の徹底痛打のうちにある慈悲心に気付き、引き返して一夏を終る。『疏瀹』「竊かに惟《おもん》みるに、臨済の一宗、光大なるは、実にここに係わる也。」とある。

【河南にあらずんば便ち河北に帰せん】

河は黄河、黄河の洛陽を中心とし、河南と河北。当時、河南は文化圏、河北は争乱の地であった。

【禅版机案】

禅版は坐禅中休息のとき、前に倚りかかるもの。机案は「つくえ」であるが、ここの場合「掎版」というもので、坐禅中縄床の上におき、うしろによりかかるものが妥当と推測される。『禅林象器箋』には「禅版は坐禅の時手を安ずるなり。或いは身を靠《もたげ》る器なり。」「掎版は床上に坐する時は、之に倚《よ》り、背を安ずる所以のもの也。」とある。『碧巌録』第六十八則、評唱（大正蔵四八）「百丈は禅版蒲団を以って黄檗に付し、拄杖子を潙山に付す。」とある。百丈（七二〇—八一四）は黄檗の師匠。

【已後、天下の人の舌頭を坐却し去ること在らん】

嗣法の証明として禅版机案を与え、黄檗の法を嗣いだことを天下に知らせることにより、人にとやかく言わせないことになろう。

【恩を知って方に解く恩に報ず】

中国の格言、師の恩を知ってこそ、その恩に報いること。『中国成語大辞典』知恩報恩の章、「人に受けた恩を知れば、速やかに恩に報いねばならぬ。」

【此の深心を将って塵刹に奉ぜん】

『大仏頂如来蜜因修証了義諸菩薩万行首楞厳経』三（大正蔵一五）「此の深心を将って塵刹に奉ぜん。是れを則ち名づけて仏恩に報ゆると為す。」

【如是、如是、見、師と斉しきときは、師の半徳を減ず。見、師に過ぎて、方に伝授するに堪えたり】

もと百丈懐海の語。『伝燈録』六、百丈の章（大正蔵五一）「如是如是、見、師と斉しきときは師の半徳を減じ、見、師に過ぎて、方に伝授するに堪えたり、子《なんじ》、甚だ超師の作あり。」

訳

師は、ある年の夏安居の半ばに、制中禁足の掟を破って黄檗山に登った。黄檗和尚がお経をよんでおられるのを見て「私は和尚こそ人物だと信じていましたが、何だ、ただのお経読み坊主だったのですか。」といった。数日住《とど》まって下山の挨拶に行くと、黄檗は言った。「お前は安居の規則を破って夏安居の制中の途中にやってきて、また安居も済まないのに帰るのか。」師、「わたくしはちょっと和尚さんに挨拶に上がっただけです。」そこで黄檗は師を打って追い出した。師は数里行ったところで、この黄檗の厳しい仕打ちに疑問を持ち、引き返して夏安居の制中を黄檗のもとで了えた。

解制になったある日、黄檗のもとを辞し去ろうとした。黄檗はいった。「どこへ行くか。」師、「河南でなければ河北に参ります。」すかさず黄檗が打った。師は黄檗をしっかり摑まえて、平手打ちをくらわした。黄檗は大笑して侍者に命じた、「百丈先師の禅版と机案とをもってこい。」すると師は言った。「侍者よ、火を持ってきなさい。」黄檗、「それもよいが、とにかく持っていくがよい。今後、天下の人にとやかく言わせない証拠として役に立つものぞ。」

後に潙山が仰山に問うた。「これでは臨済は、黄檗の期待にそむいたことになりはしないか。」仰山、「そんなことはありません。」潙山、「ではお前さんはどう思う。」仰山、「臨済は、師匠の恩を知ったからこそ、よくその恩に報いることができたのです。」潙山、「これまでの古人に、これと似た例があったかな。」仰山、「ありました。しかし年代がたいへん遠いので、和尚さんに申し上げたくありません。」

潙山、「そう言われれば、わしは知りたくなった。お前さん、言ってみなさい。」仰山、「あの楞厳の法会で、阿難が仏を讃嘆して〈此の深心を将って塵刹《じんせつ》に奉ぜん。是を即ち名づけて仏恩に報ずと為す。〉（この、『一真実の自己』の心をもって一切の国土の衆生に捧げる。これが本当に仏恩に報いると言うことです。）と。これこそ真の師の恩に報いるということではありますまいか。」潙山、「そうだ。弟子の見識が師と同じでは、師の徳を半分減らすことになる。見識が師匠以上であってこそ、法を伝授される資格がある。」と。

臨済破夏の因縁の章である。僧堂は雨安居と雪安居に分れ、その間、九十日から百十日は制中にて禁足である。臨済はその禁足を破り黄檗に来たり、また帰ろうとするが、途中より引き返し、その夏を終える。大法授受の証として禅版机案を黄檗より渡されるが、それを焼こうとする。これは黄檗の期待に背く行為ではないかという潙山の問いに、仰山は「恩を知って方に解く恩を報ず。」と答え、潙山が最後に「見、師と斉しきは、師の半徳を減ず、見、師に過ぎて、方に伝授するに堪えたり。」と百丈の語で結んで、臨済を讃えている。

提唱

——師、因みに半夏に黄檗に上り、和尚の看経するを見て、師云く、「我れ将に謂えりこれ箇の人と。元来是れ揞黒豆の老和尚なるのみ。住すること数日にして乃ち辞し去る。黄檗云く、「汝夏を破り来たり。夏を終えずして去るや。」師云く、「其甲暫く来たって和尚を礼拝す。」黄檗、遂に打して趁って去らしむ。——

臨済禅師一一五〇年を記念して只今臨済録を読んでおります。三回目になりますが、今日は破夏の因縁。夏を破る。夏の途中で去るという章であります。

ちょうど唐時代も終わりに近づいて、初唐・盛唐・中唐・晩唐と分けますと四つ目の晩唐の時代になります。

世も騒然として臨済が生きておられた時代は、八四〇年に破仏がありまして、禅宗だけではなく仏書を全部焼かれたのでありますが、何日間か何年間か焼かれておったというくらいに全ての物が焼かれて、そのために臨済禅師は八六七年に亡くなられたのは分かっておりますが、ちょうど壮年の頃に武宗の破仏に遭いまして多くの記録は残っておりません。ですから破仏以前のことは分かりにくい。

師因みに半夏に黄檗に上り和尚の看経するを見て、師云く、我れ将に謂えりこれ箇の人と。元来是れ揞黒豆の老和尚と。臨済禅師は半夏、ちょうど四・五・六・七と夏を迎えまして、そのちょうど半ば頃、制中であるのに今頃あがって来て、そして黄檗和尚の看経するのを見て、我れ将に謂えりこれこの人と。元来是れ揞黒豆の老和尚と。

自分は勝手に半夏に、六月になりますか、黄檗山に上ってきて和尚が看経するのを見て、自分はこれこそ本当の大和尚だと思っておったのに、来てみたらただお経の本を読んでいるだけではないか。お経の文字が黒豆で、それを数えるようなもんだ。自分の師匠と思ったのに揞黒豆の老和尚だ。留まること数日にしてすなわち辞し去る。少しばかりおって帰ろうとした。黄檗云く汝夏を破り来たる。夏を終えずして去るや。途中で来て途中で帰るとは無礼だぞ。師云く、其甲暫く来たって和尚を礼拝す。まぁちょっと問候にお伺いしまして、和尚さんにお目にかかったわけです。黄檗は師の身勝手に、ついに追い出してしまった。臨済にしてみれば、せっかく和尚に問候に来たのに。師、行くこと数里。この事を疑って却回して夏を終う。和尚が追い出したのはどういうことかなと思って、一度出たのでありますが、その夏を終わるまで修行を尽くした。そして夏の終わりの日に黄檗に挨拶に行くと、いずれの処にか去ると。師云く、是れ河南にあらずんば便ち河北に帰せん。天下を横行して、そして席巻する意向だと。まぁ潙山とか色々な所に行っておりますね。

黄檗便ち打つ。大きな口を聞くな。師は打って、そして一掌を与う。黄檗大笑す。乃ち侍者を喚んで百丈先師の禅版机案を将ち来たれと。侍者に百丈先師から伝えておるところの禅版机案。昔はよく堂内で坐禅するとき、禅版といって顎を支える板があります。私も昭和二十八年だったか、円福（僧堂）さんで斎会があって禅版を記念品にもらいました。顎が当たるところが剔ってあるんですね。そして飾りになっとるんですけれども、表に禅語が書いてあります。その後あまり禅版の記念品を見ません。机案というのは分かりにくい。平生は外に出しておいてもいいが、必要なときは静（定）中になれば後ろに置いておく。机案。百丈先師の禅版机案を将ち来たれと。印可証明の代りにこれをやるぞと。臨済も元気いっぱいでありますから、火を将ち来たれと。黄檗云く、しかもかくの如くなりと雖も、汝但だ将ち去れ。臨済はそんなものは要らん、侍者さん火を持ってきなさいと。いや何かの時に役に立つからちゃんと持って行きなさい。已後天下の人の舌頭を坐却し去ることあらんと。

そのあと仰山と潙山が、色々とそれに対して評釈を下しておる。後に潙山仰山に問う。臨済かの黄檗に辜負すること莫きや也た無や。仰山云く、然らず。潙山云く、子、又作麼生と。仰山云く、恩を知ってはまさによく恩を報ず。

臨済は百丈の物を返してしまった。師の期待に背くことではないか。いやいや臨済はその恩を知ってこそ、ちゃんとその恩を報いたわけで、別に刃向かったわけではない。

潙山云く、「これまで古人に、これと似た例があったかな。」仰山云く、有り。祇だ是れ年代深遠なり。和尚に挙似せんことを欲せずと。仰山のほうが弟子でありますが、仰山小釈迦と言われるくらい仰山は何でも知っておる。こういうことでも、年代深遠なり、和尚に挙似せんことを欲せず。こんなこと古代にあったかね。いやいや和尚に挙似しようとは思いません。

潙山云く、しかもかくの如くなりといえども我はまた、知らんことを要す。子、但だ挙似せよと。

仰山云く、祇だ楞厳会上、阿難仏を讃して、此の深心を将って塵刹に奉ぜん。乃ちこれ名づけて仏恩を報ずと為す。豈に是れ報恩の事にあらずや。このようなことがあるかと云うと仰山は、楞厳会上において、阿難が仏を讃して、此の深心を将って、この仏心を将って、塵刹に奉ぜん。一切衆生に報いんと。是れ即ち仏恩を報ずと為す。これ報恩の事にあらずやと。

潙山云く如是、如是、見、師と斉しきときは、師の半徳を減ず、師匠と同じような見識では、師匠の半分の徳である。見、師に過ぎて、方に伝授するに堪えたり。師匠を追い越すような立派な見識があれば、方に伝授するに堪えたりと。

最近、晋山式に行きましても、前の和尚さんと同じように立派だなぁと。それだけでは師の半徳を減ず。師匠より立派だなぁと追い越すくらいの見識をもって、見、師に過ぎてやっと師匠と同じぐらいの力量になると感じるのであります。

我が臨済宗も、あの師匠の弟子だから同じようなことをしとるなぁというだけでは師の半徳を減ず。師匠を上回ってこそ、やっと一人前となることが出来る。

師ちなみに半夏に黄檗に上りて和尚の看経するを見て、師云く我れ将に謂えり是れ箇の人と。元来是れ揞黒図の老和尚。留まること数日にして辞し去る。黄檗云く汝夏を破って来たる、夏を終わらずして去るや。師云く、其甲暫く来たって礼拝す。和尚遂に打して趁って去らしむ。師、行くこと数里、此の事を疑って却回して夏を終う。

ここで、臨済が帰ってこなかったら臨済宗というものは出来なかった。ここで帰ってきて、一事を疑ったからこそ臨済宗は残っている。この臨済の一宗のひかり広大なるはこの疑いにある。これは、妙心寺の無著道忠という人が言っとる言葉でありますが、此の事を疑って、却回して師、夏を終う。これが一番大事なことである。無著道忠は臨済がここを疑ってこそ、今日の臨済宗が残っておるといっておる。

師、行くこと数里、此の事を疑って却回してこの夏を終う。というところを重点として、本日の提唱を終わります。はい。

臨済栽松

師栽松次黄檗問深山裏栽許多作什麼師云一與山門作境致二與後人作標榜道了將钁頭打地三下黄檗云雖然如是子已喫吾三十棒了也師又以钁頭打地三下作噓噓聲黄檗云吾宗到汝大興於世後潙山舉此語問仰山黄檗當時祇囑臨濟一人更有人在仰山云有祇是年代深遠不欲舉似和尚潙山云雖然如是吾亦要知汝但舉看仰山云一人指南吳越令行遇大風卽止　讖風穴和尚也

訓読

師、松を栽《う》うる次いで、黄檗問う、「深山裏に許多《そこばく》を栽えて什麼《なに》をか作《せ》ん。」師云く、「一には、山門の与《ため》に境致と作し、二には、後人の与に標榜と作さん。」と道《い》い了って、钁頭《かくとう》を将《も》って地を打すること三下《さんげ》す。黄檗云く、「是の如くなりと雖然《いえど》も、子《なんじ》、已に吾が三十棒を喫し了れり。」師、又钁頭を以って地を打すること三下し、嘘嘘《きょきょ》の声を作す。黄檗云く、「吾が宗、汝に至って大いに世に興らん。」
後に、潙山此の話を挙して、仰山に問う、「黄檗当時《そのかみ》、祇《た》だ臨済一人《いちにん》に嘱《しょく》するか、更に人の在る有りや。」仰山云く、「有り、祇だ是れ年代深遠《じんおん》なり、和尚に挙似《こじ》することを欲せず。」潙山云く、「是の如くなりと雖然も、吾れ亦た知らんと要す。汝但だ挙して看よ。」仰山云く、「一人南を指して呉越《ごえつ》に令行《ぎょう》ぜん、大風に遇うて即ち止まん。」風穴和尚を讖するなり。

注釈

【後人の与に標榜】
後人の手本。修行の目標。

【钁頭を将って地を打すること三下す】
鍬の先で地面を三度たたいた。

【嘘嘘の声】

はく息をゆっくり出し、声を出すこと。『疏瀹』には「加羅宇曾不久也。」とある。

【後に、潙山此の話を挙して】

『伝燈録』十二、臨済の章（大正蔵五一）「潙山挙して仰山に問う、『且く道え、黄檗の後語、但だ臨済に嘱するのみか。また別に意旨ありや。』」『天聖広燈録』十、臨済の章、「潙山前の因縁を挙して仰山に問う。」

【一人南を指して】

臨済下三世の南院慧顒（九五〇年頃没）をさす。

【大風に遇うて即ち止まん】

南院の嗣。風穴延沼（八九六―九七三）をさす。止まんは至極栄えること。

【讖する】

未来のことを予言すること。

訳

　師が松を植えていると、黄檗が問うた。「こんな山奥にそんな松を植えてどうするつもりか。」師、「一つには寺の境内に風致を添えたいと思い、もう一つには後世の人のために修行の標榜《めじるし》としたい。」そう言って鍬で地面を三度たたいた。黄檗、「それにしても、お前さんはもうすでにわしの三十棒は喰らったぞ。」師はまた鍬で地面を三度たたき、大きく息をして、「よいしょ。」と掛け声をかけた。黄檗、「吾が宗はお前さんの代に大いに興隆するであろう。」

　後、潙山がこの話をして仰山に問うた。「黄檗はそのとき、臨済一人だけに将来の希望を託したのであろうか。それともほかに誰かあるのであろうか。」と仰山、「あります。しかし、ずっと遠い未来のことですから、和尚には申し上げたくありません。」潙山、「そうだとしても、わしも知りたい。ひとつ言ってみなさい。」仰山、「ある人物が南方の呉越の地方に法を弘めますが、大風の如き人物の後継者を得、大いに弘まるでしょう。」（風穴和尚の活躍を予言するものである。）

臨済栽松の因縁の話で、「一には、山門の与に境致と作し、二には、後人の与に標榜と作さん。」とある。禅僧の行為はすべて為人の行である。ある人は「第三は作麼生」と聞いていたが、無辺の衆生の済度の行は一生や二生で果たせるものではない。

提唱

――師、松を栽うる次いで、黄檗問う、「深山に許多を栽えて什麼か作ん。」師云く、「一つには、山門の与に境致と作し、二には、後人の与に標榜と作さん。」道い了って、钁頭を将って地を打つこと三下。黄檗云く、「しかもかくの如くと雖然も、子、すでに吾が三十棒を喫し了れり。」師、又钁頭を以って地を打つこと三下、嘘嘘の声を作す。黄檗云く、「吾が宗、汝に至って大いに世に興らん。」――

臨済禅師が作務のとき松を栽えていたら、黄檗が問うた。こんな深山に松を栽えてなんになるかと。

師云く、一つには山門に風致を添えたいと思い、二には、後人の標榜と作さん。修行の目標としたいと。言い了って钁頭をもって地を打つこと三下。黄檗云く、しかもかくの如くなりといえども、すでに吾が三十棒を喫し了れりと。師、又钁頭を以って地を打つこと三下。嘘嘘の声を作す。

南禅寺でもあまり桜を栽《う》えていなくて松が多い。我々の洞春寺も先師が来た時には、山門から本堂までずっと桜の木が二、三〇本栽わっておって、住山するや、それを吉敷の何とか園に寄付して持っていって貰って、山門から中門まで松が栽えてある。松を栽えるということは、臨済録より出ておる。松老雲閑といって、松の緑と雲閑かなのが禅寺の境致である。同時に我々の境致である。

松を栽えるときに钁頭、鍬を将って、地を打つこと三下。黄檗云く、しかもかくの如くなりいえども既に吾が三十棒を喫し了れり。もう手遅れだぞ。また钁頭を将って地を打つこと三下。嘘嘘の声を作す。妙心寺の無著道忠は、加羅宇曾不久也と言っておる。鍬の柄をもってそして地を打つこと三下して嘘嘘の声を作す。現実に出ておる声だ。これは声であるから、道忠は加羅宇曾不久也。これでもわからん。とにかく、「ひょ〜う」という声を出したと思う。

黄檗云く、吾が宗、汝に至って大いに世に興らん。よし、お前で吾が宗は範になるであろう。臨済は黄檗の系統を嗣いで臨済宗の祖だ。修行したのはここの黄檗の山の中であるが、現在、中国、日本と、大いに興っておる。

ちょうど臨済禅師の頃は破仏がおこって、長安は火の海と化して多くの臨済のお坊さんも亡くなられたのであるけれども、臨済禅師は東のほうに行っておられたので破仏を避けることは出来た。八四三年ですか、会昌三年の正月一日から破仏を始めた。武宗が行なったのであるけれども、唐はもともと李淵という人が始めた。李淵は「わしは李姓である。これは老子と同じ姓である。だからわしは道教を自分の宗旨とする。」国を作った時にこう宣言しておるので、道教と仏教とは度々あい争うことが多い。この武宗の時も、多くの寺が壊され、僧侶も幾重になって殺された。臨済禅師が亡くなられたのは八六七年。八四三年に破仏が起こっておるので、破仏後二十四年は生きておられたが、破仏以前の足跡が分かり難い。八四三年の破仏は仏教に大きな影響を与え、同時に臨済禅師の御一生にも影響を与えておる。だから亡くなられたのは八六七年であるけれども、何歳であったかは記録にはない。ちょうど比叡山の第三世にあたる慈覚大師円仁が、ちょうどそのとき長安を通っておられて、その時のありさまを書いておられる。それによって詳しいことはよく分かるのであるけれども、慈覚大師は九年間おられたというから、相当詳しいことを見てこられて、入唐求法巡礼行記という本に残して、雪岩欽の一人である岩頭もこの破仏で亡くなった。

破仏を行なった武宗そのものも道教を信じて、道教の道士が薦めるところの丹薬を飲んで、それが毒薬であって、四、五年経たんうちに亡くなっておる。跡を継がれた叔父さんにあたる人が、禅宗の僧堂に隠れて、隠れたわけではないんでしょうけど、副司寮か知客寮をやっておられて、あっ、あれが叔父さんだということになって、その跡を継いで、大中天子といって非常に尊敬された。

黄檗云く、「吾が宗は汝に至って大いに世に興らん」と。

潙山、此の話を挙して仰山に問うと、黄檗そのかみ臨済一人に委嘱するか、更に人在るありや。潙山と仰山は、潙山のほうが師匠である。

潙山は師匠でありますけれども、なにかと仰山に問うておる。仰山は異相というか、系統を外れた人で、仰山に出会った人がどこにおったかと訊くと、朝、インドから飛んできたんだと。神通妙用、途中で遊山翫水、山に遊び、水を弄んで、そうしてゆっくりしておった。五台山にお参りして文殊に礼拝しようとして、インドを朝出発して昼には中国に着いとる。なかなか偉人だなぁと、これにより仰山小釈迦と言われるようになっておるという。仰山は潙山の弟子でありながら、潙山をやっつけるというか、潙山がいちいち仰山に聞いては確かめている。

ここでも、そのかみ（当時）臨済一人に委嘱するか、更に人は在る有らんかと。仰山云く、臨済一人のみならず、年代深遠なり。あんたにはお知らせしたくないと。潙山云く、そんなにいうならば、我も知ろうと思う。仰山云く、一人は南を指して呉越にいく。令を行じんと。大風にあわば即ち止まん。即ちそこで偉い和尚が出て大きな宗派となるであろう。その和尚は風穴和尚を讖するなり。去年でしたか、風穴山に行きましたけど、なかなか大きなお寺で全部見るには時間が掛かるぐらいに大きい。住持和尚が下まで送って来てくれておって、風穴山は今も大法を守っておる。

臨済禅師の履歴が途切れ途切れになっておるのは会昌の破仏によって、途中途切れ、その後二十四年くらいは臨済禅師は生きておられるんですけれども、その会昌の破仏の間がちょっと途切れる。そして、それ以前の伝記というものは北の方にも長安にもあったんでしょうけれども、武宗は仏僧、坊さんまで何百人と殺しておるのだから、多くの記録はその時に一緒に焼かれておるのだろう。臨済禅師の履歴は途切れて、それ以前、何年にお生まれになったかというようなことがはっきりしない。亡くなられたのは八六七年。こうして、一一五〇年の斎会が行われようとしておりますけれども、破仏で多くの記録が途絶えておる。いまも言ったが幸い比叡山の慈覚大師がそこに行き合わせて、ある程度の記録を持ち帰っていただいておる。慈覚大師も九年半の間中国に行っておられて、よく当時の記録を残していただいたものだと思います。十年と言いますと、人生の一番大事な時に中国で戦乱のところを見てこられた。

もう一人、南院国師のお名前の元になっておる南院慧顒という人は、臨済の法を継いで風穴の師匠になるわけですけれども、その方が河南省汝陽宝応院というお寺におりました。広い敷地の八割くらいが中学校になっておって、南院の遺跡は煉瓦作りの小堂が建っているだけです。昔は相当広いお寺であったようでありますが、南院慧顒禅師、風穴延沼禅師を憶うと、汝但だ挙せよ看ん。仰山云く、一人は南を指して動いて、令して行ぜんと。大風に遇うて即ち止まん。この一句に思いを強くするのであります。

臨済栽松の因縁。臨済が松を栽えるのは何のためか、一つには風致を添え、二つには後人の標榜となす。修行の目標となるようなことが大切であります。師、松を栽うる次いで、黄檗問う、「深山裏に許多を栽えて什麼か作ん。」山の中の人の見えないところに松を栽えてどうする。師云く、「一つには、山門の与に境致と作し、一つには、後人の標榜と作さん。」道い了って、钁頭を将って地を打つこと三下。黄檗云く、「しかも是の如くなりといえども、子、已に吾が三十棒を喫し了れり。」また、钁頭を以って地を打つこと三下。嘘嘘の声を作す。〔如意三下〕

「ひょ〜う」嘘嘘の声を作すと。黄檗云く、「吾が宗は汝の為に、大いに世に興らん。」はい。

月ごとの講本

米を揀ぶ

黄檗因入厨次問飯頭作什麼飯頭云揀衆僧米黄檗云一日喫多少飯頭云二石五黄檗云莫太多麼飯頭云猶恐少在黄檗便打飯頭卻舉似師師云我爲汝勘這老漢纔到侍立次黄檗舉前話師云飯頭不會請和尚代一轉語師便問莫太多麼黄檗云何不道來日更喫一頓師云說什麼來日卽今便喫道了便掌黄檗云這風顚漢又來這裏捋虎鬚師便喝出去後潙山問仰山此二尊宿意作麼生仰山云和尚作麼生潙山云養子方知父慈仰山云不然潙山云子又作麼生仰山云大似勾賊破家

訓読

黄檗《おうばく》、因《ちな》みに厨《くりや》に入る次《つ》いで、飯頭《はんじゅう》に問う、「什麼をか作《な》す。」飯頭云く、「衆僧の米を揀《えら》ぶ。」黄檗云く、「一日に多少《いくばく》をか喫す。」飯頭云く、「二石五《にせきご》。」黄檗云く、「太《はなは》だ多きこと莫《な》しや。」飯頭云く、「猶《な》お少なきを恐るること在り。」黄檗便ち打す。

飯頭却《のち》に師に挙似《こじ》す。師云く、「我れ汝が為に這《こ》の老漢を勘《かん》ぜん。」纔《わず》かに到って侍立《じりゅう》する次いで、黄檗前話《ぜんな》を挙《こ》す。師云く、「飯頭会《え》せず、請う和尚代わって一転語《いってんご》せよ。」師便ち問う、「太だ多きこと莫しや。」黄檗云く、「何ぞ道《い》わざる。『来日更に一頓を喫せん。』と。」師云く、「什麼《なん》の来日とか説かん。即今便ち喫せよ。」と道い了《おわ》って便ち掌《しょう》す。黄檗云く、「這《こ》の風顛漢《ふうてんかん》、又這裏《しゃり》に来たって虎鬚《こしゅ》を捋《な》ず。」師便ち喝して出で去る。

後に、潙山《いさん》、仰山《ぎょうざん》に問う、「此の二尊宿、意作麼生《いそもさん》。」仰山云く、「和尚作麼生。」潙山云く、「子を養って方《まさ》に父の慈を知る。」仰山云く、「然らず。」潙山云く、「子《なんじ》、又作麼生。」仰山云く、「大いに勾賊破家《こうぞくはか》に似たり。」

注釈

【飯頭】典座にあって飯を炊く係の僧。

【米を揀ぶ】

飯米の小石など異物を取り除くこと。

【代わって一転語せよ】

代わって独創的な境地の句を示せ。『無門関』第二則（大正蔵四八）「今請う、和尚、一転語を代わり、貴ぶらくは野狐を脱せしめよ。」と。

【潙山】

潭州潙山霊祐禅師（七七一―八五三）、百丈懐海の法嗣。『伝燈録』九（大正蔵五一）に出づ。

【仰山】

袁州仰山慧寂禅師（八〇七―八八三）、潙山に嗣ぐ。潙山と共に「父子唱和」した親密の家風を「潙仰宗」といわれる。

【子を養って方に父の慈を知る】

子供を持って初めて親の恩が分かること。黄檗の立場。

【子、又作麼生】

父子唱和のところ。

【大いに大いに勾賊破家に似たり】賊を我が家に引き入れて、家財をごっそり盗まれた。黄檗は臨済にごっそりと仏法を奪われた。臨済が力を付けてきたというところ。

訳

ある時、黄檗和尚が寺の台所に入ったおりに飯頭にたずねた。「何をしているのか。」飯頭は答えた。「雲水たちの飯米を用意しております。」黄檗、「一日にどれほど食べるか。」飯頭、「二石五斗です。」黄檗、「多過ぎはしないか。」飯頭、「まだ足りないのではないかと思っています。」黄檗はすかさずに打った。

飯頭は、そこでこのことを師（臨済）に話した。師、「ひとつお前のために、おやじさんを試してやろう。」師が黄檗和尚のところに行き側《かたわら》に侍立すると、すぐに黄檗は飯頭とのやりとりを話した。師は「飯頭のやつ、老師の質問の意が分かっていません。老師、代わって一転語《いってんご》を示してください。」そう言って師は問うた。「多過ぎるのではないか。」黄檗、「なぜこう言わぬ。『明日山盛り三杯ふるまいましょう』と。」師、「なに、明日などと言っておれるか。今すぐに食え。」と言うなり、平手打ちを食らわせた。黄檗、「このばかものめ、またおれの処にきて、虎の鬚を引っ張るようなことをやりおったな。」

師は一喝してすぐに出て行った。

後に潙山が仰山に問うた。「この二人の尊宿の真意はどこにあるのか。」仰山、「和尚ならいかがですか。」潙山、「子供を育てて、父親の慈愛が初めて分かるというもの。」仰山、「私はそうではありません。」潙山、「ではお前はどうだ。」仰山、「まるで泥棒を家に引き入れ、家財道具をごっそりやられたように、黄檗は臨済にやられてしまった。」

勘弁は勘じ弁ずる、弁《わきま》えることの意である。師家が雲水にどの程度の修行の力がついたか、見分けることであり、力の付いた雲水は、師家を勘弁することもありうる。

この問答、師家の黄檗と弟子の臨済の生き生きとしたやりとり、その勝負については、潙山と仰山が批評している。仰山は「勾賊《こうぞく》破家《はか》に似たり。」と、臨済が力をつけてきたことを認めている。

提唱

——黄檗、因みに厨に入る次いで、飯頭に問う、「什麼をか作す。」飯頭云く、「衆僧の米を揀ぶ。」黄檗云く「一日に多少をか喫す。」飯頭云く、「二石五。」黄檗云く、「太だ多きこと莫しや。」飯頭云く、「猶お少なきを恐れると。」黄檗便ち打すと。——

臨済録を提唱しております。八月がお休みだったので、ちょっと抜けておりますが、提唱は引っ提げ唱えるという義を説くのであります。臨済の境涯を自分の境涯として、そして引っ提げ唱えるということで、学校の講義とは少し違っております。

とは言え、臨済録とはどういうものかということは、ある程度知っておった方がよいと思います。無論、臨済禅師のお言葉を集めた本でありますけれども、必ずしも教科書のように親切丁寧ではありません。およそ五十種類の本が出ておりまして、今我々や僧堂が使っておりますのが、この宣和本であります。唐の宣和年間に出来ました。序文は色々な人が書いておりますが、この馬防という人の書いた序文が有名であります。

よくお寺に行きますと『松老雲閑』という額がかかっております。これは和尚さんに訊きますと、臨済禅師が臨済録の序文に書かれたのだと言っておられるところもありますけれども、馬防という方が作った序文の中に松老雲閑という言葉が出てくるわけであります。臨済録の中ではないのです。この語は一番有名なのかもしれません。

臨済録はさきほど申しましたように五十通りくらいあるのですが、一番敷衍したのが今の宣和本で、どういう順番になっとるかというと、先ず上堂《じょうどう》。一無位の真人あり、途中にあって家舎を離れず等、堂々と最初に唱える。それから示衆《じしゅう》。四料揀ですね。有る時は人を奪って境を奪わず、有る時は境を奪って人を奪わず、有る時は人境ともに奪う、有る時は人境ともに奪わず。そして、王宝殿に登り、野老謳歌すという語をつけておられます。そして無事是れ貴人。それから次が勘弁《かんべん》であります。互いに禅者が相手の境涯はどのようなものかということを勘じ弁ずるわけであります。

見解の正邪を勘じ弁ずる。今日の米を揀ぶというのがこの勘弁の中の一章であります。臨済なんかは、露柱これ凡か聖か。そういうような勘弁をしとりますね。そして最後は行録《あんろく》。色々なことをして歩いたと。臨済禅師に一番大きな影響を与えたのは会昌の破仏。ちょうど禅師が行脚しておったときに会昌の破仏に出合うわけであります。会昌の破仏、それによって仏教も大きく変わってきます。

なにせ何千人という坊さん、尼さん。僧尼を還俗させて、そうして仏書を穴に埋めてですね、本当に仇のように武宗が会昌年間に行ったわけであります。それによって多くの人が被害を受けたのでありますが、臨済もちょうどその時に邂逅しました。いま戦後七十年になりますが、戦争中に生きておった人は七十歳以上になりまして、今はあまり戦争中の色がないですけれども、この会昌の破仏の時も一つの戦争のように、多くの人多くの僧侶に打撃を与えております。

太平洋戦争は昭和二十年八月十五日に降伏しまして、九月二日に降伏文書に調印して、講和は昭和二十七年にしたのですかね、捕虜みたいなもんでありまして、アメリカ軍を進駐軍とか呼んでおりましたが、本当は占領軍でありますなぁ。長い間占領されておって我々の主権はないわけであります。この会昌の破仏も、仏教徒は回復するまでそうとう時間がかかっております。木曽の方から私らの同夏の人が来ておりまして、「戦争あったのかね、わしらの所は飛行機が通らなかったよ」とか言ってましたが、あまり木曽の方は通らなかったように聞いております。けれどもこの会昌の破仏も全部やられたというのではなしに、やはり長安のあたりがひどく、無茶苦茶に僧侶が捕まえられて殺される、還俗させられる。本当に戦後の今はほとんど七十歳以下でありますけど、以上の人は戦争のそういう怖さを知っとるわけであります。臨済禅師もこの会昌の破仏に出合って大きなショックを受けておられるはずでございます。

武宗は道教に帰依して道教の薬を飲んで死んでしまって、そのあと宣宗という武宗のおじさんになる方が継ぎました。この人は武宗破仏の間は禅堂に逃れておったという人でありますから、武宗が死んでしまうと却って逆に宣宗を皇帝にして、中国は仏教の国になるわけでありますが、その頃はこの臨済禅師が活躍された時代であります。そして主なことは先程言いましたように一般の人に出合って、上堂して、そして禅宗について活溌溌地に説いたのであります。今日やっておりますのは、勘弁。禅者が互いにどの程度の境涯でおるかというのであります。

米を揀んでおる黄檗が飯頭のところに来て飯頭に問う。多いことはないか。飯頭云く、なお少なきことをおそるると。黄檗便ち打す。飯頭すなわち師に挙似すと。師云く、我れ汝が為にこの老漢を勘破せん。わずかに到って侍立す。ついで黄檗前話を挙す。飯頭会せず。請う和尚代わって一転語を下せ。師、すなわち問う。太だ多きこと莫しや。黄檗云く、何ぞ道わざる。来日更に一頓を喫せんことを。師云く、なんの来日とか言わん。即今すなわち喫せよと。やっぱり黄檗も言っておる。遅い、すぐ食え。そうして一掌、すなわち、一掌を与えた。黄檗云く、これ風顚漢また這裏にきたって虎鬚を捋ず。師、すなわち喝して出ず。絶えてのち、まぁそれで一段落したわけですけれども、潙山、ちょっと遅れた時代に潙山と仰山という人がおりまして、二人はお互いに三十七歳か年が離れとるんですけれども、仰山という人はなかなかやり手でして、潙山が仰山に問う。二尊宿、意作麼生と。仰山云く、和尚作麼生と。潙山云く、子を養って方に父の慈を知ると。仰山云く、然らず。潙山云く、子、又作麼生。仰山云く、大いに勾賊破家に似たり。黄檗はごっそりと臨済に仏法を奪われてしまったぞと、勾賊は破家だぞと。だんだん臨済が黄檗に対して力を持ってきた。そういうのがこの章でありますけれども、勘弁というのが相手を検査する。そこらの柱は仏か凡かを聞いて相手の言葉を待って、そして相手を弁別する。これ勘弁。今日のところも勘弁。四喝、こういうのも金剛王宝剣の如しという喝と、据地金毛の獅子の如しという、どんと座った倚子の王のような喝。それから三番目は探竿影草の如し。相手を探るようなやり方。今日の勘弁はそこでありますね。勘弁。相手を探るところ。これが米を揀ぶという場所においてこの衆僧はどうか。米を揀ぶということ自体は何を言っとるか。そしてそのあと潙山と仰山がお互いに自分の見処を述べながら相手の出方を探っておる。そういうのが勘弁。

だから喝も喝と言いながら、金剛王宝剣の如しというのと、据地金毛の獅子の如しと、どんと座った倚子の王のようなのと、探竿影草の如しというのと、それぞれわかれて喝を言っとる。このように同じ喝を言っても相手を勘弁しておる。臨済録は色々五十通りくらいの本が江戸時代の終わりまでに出まして、必ずしもどの本にも今の勘弁が載っているわけではありません。

けれども上堂、「いかなるかこれ無位の真人」「いかなるかこれ剣刃上の事」「途中にあって家舎をはなれず」。示衆、「四料揀」。それから勘弁。今、これも先程から述べておりますように相手の出方で相手がどれだけのものを得とるか、ということを勘弁する。

それから最後は行録。臨済はこういう人である。どこどこで生まれて、どこどこで亡くなって、途中抜けておるのは会昌の破仏であります。その時に禅宗はほとんど全滅に近い状態。臨済禅師は河北省の方に逃れて破仏が済んで十年くらい経って臨済院に入院して居ること十三、四年間ほど、これが現在の臨済宗の基になります。教化を行われて臨済録という語録が残っておるのであります。

今日は臨済録の内容の四つの内の勘弁。勘弁の中で米を揀ぶという場面で、黄檗、因みに厨に入る次いで飯頭に問うと。飯頭なにをおこなう。飯頭云く衆僧の米を揀ぶと。黄檗云く一日に多少をか喫す。飯頭云く二石五、黄檗云く太だ多きこと莫しや。飯頭云く猶お少なきこと恐るると。黄檗便ち打す。飯頭かえって師に挙似す。師云くこれ汝が為にこの老漢を勘ぜんと。わずかに到って侍立する次いで、黄檗前話を挙すと。師云く飯頭会せず。和尚変わって一転語せよ、師便ち問うと。太だ多きこと莫しやと。黄檗云く何ぞ来日さらに一頓を喫せんと。師云く、何の来日とか説かん。即今便ち喫せよ。と言い終わって黄檗は便ち掌すと。黄檗云くこれ風顚漢また来たって虎鬚を捋ず。師便ち喝して出で去る。

これで一応この芝居の幕は閉じてですね、そして潙山は仰山に問う。この二人は傍聴記者のようでお互いに今まであった黄檗と臨済、飯頭のやり取りを批判して語をつけておるのでありますが、二尊宿の意いかんと、仰山云く和尚作麼生。潙山云く、子を養ってまさに父の慈を知る。色々出ますけれども、私たちも禅堂で師匠から色々なことを聞いて、そして今度は自分が言う立場になると、まさに子を養って父の慈を知る。ああ親切な人だったなぁと。子を養ってまさに父の慈を知る。仰山云く、そんな生まっちょろいことではないぞ。潙山云く、又作麼生。仰山云く、大いに勾賊破家に似たり。泥棒を入れて、家財道具をごっそりやられたようなもんだ。黄檗はごっそり盗まれてしまっとるぞと、なかなか上には上がある。

今日は勘弁。臨済録の分け方は、上堂、いかなるかこれ無位の真人というような上堂、それから示衆、四料揀。いかなるかこれ奪人不奪境。四つの四料揀を述べる。二番目が示衆。三番目が今日やりました勘弁。好主好賓、好主悪賓、無賓主の立場、というのが勘弁。それから第四番目が行録。臨済は径山に行ってこういう問答をしたとか、たくさんの人に会って、中でも達磨の塔頭に行って問答しておる。ああいうのはあとを尋ねて行くと、ここで臨済と当時の塔主、達磨塔を守っておった人と問答しておる。そういうのを見たり聞いたりすると懐かしいですね。径山に行って臨済は旅装を解かずに上から北東、東から西へ行って、喝、喝、と言ってそして出て行ってしまった。そうすると大衆は五百人おったんですが、和尚に、臨済は何をしにきたんですか言うと、径山の和尚は見た通りだと言ったら、雲水の方は何だそんなことかと言って全員退散した。全部いなくなった。臨済は東から西へ、西から東へ、喝、喝と言っただけで、径山の和尚はやられてしまった。径山は臨済の法戦一場のところだ。

東福の管長さんが新しい径山を建てたのですけれども、我々が行ったときは香炉が一つあっただけです。それだけでも良い。径山の主がしっかりやってくれればそれで良いと思ったんですが、東福の管長は今の径山を建てて立派にしてくれた。現在、中国へ行ったら、あんた更幽《こうゆう》軒《けん》を知ってますか。それじゃあ、それ知ってたらここへ寺を建ててくださいと言われました。

あれはどこの寺だったか、行く寺行く寺で破れておれば、更幽軒を知っとるだけで寺を建ててと言われたのには参ったけれども、それだけ功徳を残した。

今日は勘弁、臨済録の中の勘弁の章を読んで、そして勘弁は主、客を見る。客、主を見ると無賓主であるという境涯である。このことを主題にして提唱いたしました。

一無位の真人

上堂云赤肉團上有一無位眞人常從汝等諸人面門出入未證據者看看時有僧出問如何是無位眞人師下禪牀把住云道道其僧擬議師托開云無位眞人是什麽乾屎橛便歸方丈

訓読

上堂云く、「赤肉《しゃくにく》団上に一無位《いちむい》の真人《しんにん》有り。常に汝等諸人の面門《めんもん》より出入す。未だ証拠せざる者は、看よ看よ。」時に、僧有り、出でて問う、「如何なるか是れ無位の真人。」師、禅牀《ぜんしょう》を下って把住《はじゅう》して云く、「道《い》え道え。」其の僧擬議す。師托開《たっかい》して云く、「無位の真人是れ什麽の乾屎橛《かんしけつ》ぞ。」便ち方丈に帰る。

注釈

【赤肉団上】

肉体、生身《なまみ》の身体。『祖堂集』十九、臨済章、「山僧、分明に你に向かって道わん。五陰身《いんしん》田内《でんない》に無位の真人有り。」『宋版・伝燈録』十二、「汝等諸人、肉団心上に一無位の真人有り。」

【無位の真人】

位階に捉《とら》われない自由人。宗教的絶対者の称。一真実の自己。老荘思想の「真人」を格義により用いる。『荘子』内篇、大宗師第六、「且つ真人有りて然る後に真知あり、何をか真人と謂う。古の真人は、寡に逆らわず、成を雄《ほこ》らず、士を謩《はか》らず。然るが若《ごと》き者は、過《あやま》つも悔いず、当るも自得せざるなり。然るが若き者は、高きに登るも慄《おそ》れず、水に入るも濡れず、火に入るも熱からず。智の能く道に登仮するや此の若し。」

【面門】

教中には口を言うことが多いが、ここでは眼・耳・鼻などを含めていう。『伝燈録』三十、傅大士心王銘（大正蔵五一）「心王も亦た爾《しか》り。身内に居停し、面門より出入す。」

【禅牀】

坐禅をする単牀。

【托開】

とらえている手を放して押してやること。

【乾屎橛】

干乾《ひから》びた糞屎を拭う棒。糞かきべら。汚いもの。

【方丈】

住職の部屋。維摩居士の居室が一丈の方形であったことからかく言う。

訳

上堂して言った。「お前たちの身体に、無位の真人『一真実の自己』があって、いつもお前たちの口から、いや眼、耳、鼻などから出たり入ったりしているぞ。まだこの真人『一真実の自己』を自覚していないものは、さあ看よ、看よ。」と。

そのとき、ひとりの僧が進み出て尋ねた。「無位の真人とはどんな人ですか。」と。師は講席を下《お》りてやにわにその僧の胸倉を把《つか》まえ、「さあ言え、さあ言え。」と。そこで僧が何か言おうとすると、師は胸倉を突き放して、「無位の真人と言えば、すぐ結構な言葉について廻る。『一真実の自己』は、言葉に執《とら》われれば、糞かきべら同様きたないぞ。」と言って方丈にさっさと帰ってしまった。

お前たち自身が一無位の真人、「一真実の自己」を自由に使い得る自由人である。さあ、どうだ。とは言え、いつまでも無位の真人について廻ると、学者の解説のように汚いぞ。

提唱

——上堂に云く、赤肉団上に一無位の真人有り。常に汝等諸人の面門より出入す。」未だ証拠せざる者は、看よ看よ。——

臨済録は無論、臨済禅師のお言葉を集めたものでありますが、内容は上堂、示衆、この前やりました勘弁、それから行録。自分の歩かれた道、それから最後は略伝、こういう順番になっております。

その前に序文がありまして、有名な馬防の序文というものが宋時代に出来まして、臨済宗の学徒はみな諳んじておるくらいです。序文はたくさんありますが、馬防のが一番よかろうというので、馬防の序文を読んでおります。序文の中で一番有名なのは松老雲閑という言葉であります。

私は洞春寺の出身ですけれども、毛利の殿様の松老雲閑が書院に掛けてあります。この言葉がある序文と上堂。今日は上堂にある言葉でありますね。それから示衆。そして勘弁。これはこの前やりましたように色々な人物を調べる。そして四番目に行録。色々な行脚の事が示されている。そして略伝。四家語録というのが最初に臨済録の出来てきた本でありますけれども、そこは略伝から始まっております。ですから順番は必ずしもこれが全てではないですね。臨済禅師は河北省で法を説かれました。今度、南禅寺派でもその聖地をお参りしようかという話が出ておるようです。

日本でいま伝記といったら、何々次官になったとか何々小学校の校長になったとか、ということが載っておりますけども、その人が孝行であったということは新聞にもあまり出ていないですね。臨済録では臨済禅師は孝行であったということが徳目の一つとして語られております。日本でも徳川時代の末期までは孝行の人がおって表彰されたこともあります。最近は孝行だからといって表彰されたということは聞いたことがありません。今日は上堂ということを取り上げます。

上堂に云く、赤肉団上に一無位の真人有り。常に汝等面門より出入す。未だ証拠せざる者は、看よ看よ。もうこれで終わりなんですけれども、赤肉団上というのは色々な本に取り上げられておりますが、我々のこの裸の体である、この赤肉団上に一無位の真人有り。各自それぞれ一無位の真人を持っておる。

まぁ今日はこれで終わってもいいくらいなんですけれども、一無位の真人有り。汝等諸人の面門より出入す。未だ証拠せざる者は、看よ看よ。自分の赤肉団上の面門より。面門とは顔面にあるものを全てという人と、口という人がありますけれども、面門なら面門でよろしい。面門より出入すと。未だ証拠せざる者は看よ看よ。さぁ自分で体験しろ。時に僧あり。出でて問う。如何なるかこれ無位の真人。師、禅牀より下って把住して云く、道え道え。其の僧擬議す。無位の真人といって、人に問うものかと。お前自分で言ってみろと。道え道え。其の僧擬議す。

もうここで一段落終わってしまった。真人というのは、まだ初期の禅宗では禅の言葉が揃っておらなかったので真人という言葉を使っております。真人とは道教の言葉でありまして、それを格義と言ってですね、その本来の意味だけ取って真人と使ったわけで、別に道教であろうが何であろうが事実そのものを言ってくれれば我々の語録でも使うわけであります。

我々の口としときましょうか。面門より出入す。看よ看よ。自分で体験せよ。時に僧有り、出でて問う。如何なるか是れ無位の真人。

僧が出でて問う。今日隠侍さんにここで問うてくれと言うたんです。そうしたら私が禅牀から降りて行って、ひっ捕らえて「道え道え」と言うからと言うたのでありますけども、いやぁそれは勘弁してくださいと。二、三度言ったんですけれども、それでも勘弁してくださいと断られました。

其の僧擬議す。その僧は何か言おうとした。師托開して云く。持っておった手を離してですね、無位の真人是れなんの乾屎橛ぞと。ここから本文が急展開して今まで向上一路、看よ看よと。向上一路の世界にあったものが手を離してですね、なんの乾屎橛ぞと。話は汚いですけど、昔中国では尻を拭うのに棒が置いてあって、その棒を紙の代わりにして拭いておった。それが使ったあと用済みの乾いた棒になっておる。だから用をなさないから乾屎橛である。棒なんかで綺麗になるのかなと思っておりましたら、最勝院さんの先代さんがソ連で抑留されて昭和二十四年頃帰られました。何か一日一枚しかパンが貰えないので、あんまり便が出ないで小豆か大豆かくらいの大きさの便が出るだけで、それが出たら、ぽーんと放っておく。だから便所がない。そこの野原に放っておく。そうすると鳥やら何やら来て食べるから餌にもなる。本当に乾屎橛だと。乾いたという字はそういう意味でしょうね。豆の、一片の豆くらいにしかならない。こういうのは抑下托上。向上の一路で無位の真人と唱えておったのが、急に乾屎橛。無位の真人というも乾屎橛である。だからまぁ、汚いものの代表として乾屎橛が出たわけですけれども、そして方丈に帰ると。

だからこの公案は前半が向上の一路と。如何なるか是れ無位の真人という向上の一路にあってですね、後半は抑下。その悟りも捨ててしまえということで乾屎橛という表現をしております。

臨済録はこういうものでありまして、臨済は看よ看よと、この則では言っておりますが、自分で看よ看よと。娘生下《じょうしょうげ》のことではない、自分で体験せよ。体究練磨して一朝に証せよ。そうして迥然独脱《けいねんどくだつ》して自分のものにせよと言っております。

臨済録は世界中にも拡がっておりまして、サンフランシスコの書店にはThe Record of Linjiという本が出ております。また禅文化研究所も英文で出しております。臨済は特に会昌の破仏という社会情勢で最悪な事態に直面しました。会昌年間には多くの仏教僧が毎日還俗させられて、そういうことが続いて社会情勢は仏教に対して非常に悪かった。その時代に臨済禅師はこの臨済録を書かれて、出来たのは宋時代ですけれども、こういう提唱をして臨済の宗風を挙げられました。臨済禅師は武宗の破仏に出合って、却って意を強くしたわけであります。

我々もこうして戦中戦後、破仏とは言いませんけれども、多くの弾圧というか、経済的な面でも農地解放で田畑を取り上げられるという一種の弾圧を受けてですね、こうして今日まで生き延びて、まさに臨済禅師は我々日本人のような人でもあります。弾圧を受けても蘇ると。

臨済録は先程申しましたように禅文化研究所が臨済録の英文を出しまして、また他にもう一人ロサンゼルスの人でしたか、もう一冊二冊、出しておりまして、ヨーロッパ・アメリカと普及しております。

それでは今日はこの本文を読んで終わりといたします。

上堂に云く、「赤肉団上に一無位の真人有りと。常に汝等面門より出入す。未だ証拠せざる者は、看よ看よ。」

もうこれで一段落終わっております。

時に、僧有り、出でて問うと、「如何なるか是れ無位の真人。」師、禅牀を下って把住して云く、「道え道え。」

実際この横から飛び降りて、「道え道え。」と首を絞め、僧は擬議する。呆気にとられてぽかんとしておる。臨済は持っておった手を離して、突き放して「無位の真人これなんの乾屎橛ぞ」と。ここから後半に二段階になりまして、なんの乾屎橛ぞと抑下底になって、便ち方丈に帰る。

抑下でありますね、無位の真人と持ち上げたものをもう一度掘り下げて乾屎橛だと、そして便ち方丈に帰る。

本日はこれまで。はい。

橋上から眺める滹沱河

家舎と途中

上堂云有一人論劫在途中不離家舎有一人離家舎不在途中那箇合受人天供養便下座

訓読

上堂。云く、「一人《いちにん》有り。劫《ごう》を論じて途中に在って家舎《かしゃ》を離れず。一人《いちにん》有り、家舎を離れて途中に在らず。那箇《なこ》か人天《にんでん》の供養《くよう》を受く合《べ》き」といって、便ち下座《げざ》す。

注釈

【劫】

【劫】（梵）kalpa 数字の単位。長時。一説に百里四方の大きな岩に百年に一度天女が舞い下りてきて衣の袖で岩を撫でる。そして石が減っていき、終《しま》いになくなった時を一カルパと言う。無限大の数字。

【論】教える。

【途中】現実世界・相対差別偏位の世界。

【家舎】平等・本分の絶対世界。

【人天】地獄・餓鬼・畜生・修羅・人間・天上の六道《ろくどう》のうち人間・天上の二世界。

【供養】衣食など物品を修行者に施すこと。応供《おうぐ》の資格として、永遠に「四句の願行《がんぎょう》」に生きる一人と、本分正位・差別偏位を自在に超越したとらわれない一人を示した。

訳

上堂していった。「ある人は、いつも現実の世界にいて、しかも本分の境地を離れない。またある人は、本分のありがたい世界を超え、しかも現実世界である差別の世界も自在に超えている。いったいどちらが天上界、人間界の供養を受ける資格があるだろうか。」といって座を下りた。

理想と現実の一致した境地を示す。二つの境地、臨済一人の作用である。

提唱

上堂して云った。「ある人はいつも現実の世界にいて、しかも本分の境地を離れない。またある人は本分の有難い世界を超え、しかしそれも現実の世界である、相対偏位の世界も自在に超えている。いったいどちらが天上界、人間界の供養を受ける資格があるのだろうか。」と云って座を下った。

この項にある家舎と途中を存分に体現した禅僧として、私の師である寒松老漢をあげたい。師は昭和二十三年、五十三歳にて南禅僧堂に師家として入堂、爾来百十余人の雲衲を育てられた。昭和三十四年には南禅寺派の管長職に就かれ、昭和四十九年まで勤められた。四十年一月より毎年渡米され、大学にて禅講座を開かれた。最も多く講義されたのはコルゲート大学で、ケーネス・モーガン博士の協力のもと、『英訳無門関』を完成された。

八十一歳にて遷化されたが、一生「家舎を離れて途中にあらず。途中に在って家舎を離れざる」底の人であった。

四料揀

師晩參示衆云有時奪人不奪境有時奪境不奪人有時人境倶奪有時人境倶不奪時有僧問如何是奪人不奪境師云煦日發生鋪地錦瓔孩垂髮白如絲僧云如何是奪境不奪人師云王令已行天下徧將軍塞外絶煙塵僧云如何是人境兩倶奪師云幷汾絶信獨處一方僧云如何是人境倶不奪師云王登寶殿野老謳歌

訓読

師、晩参《ばんさん》、衆に示して云く、「有る時は奪人《だつにん》不奪境《ふだつきょう》。有る時は奪境《だっきょう》不奪人《ふだつにん》。有る時は人境倶奪《ぐだつ》。有る時は人境倶不奪《ぐふだつ》。」

時に僧有り、問う、「如何なるか是れ奪人不奪境。」師云く、「煦日発生《くにちはっしょう》して地に鋪《し》く錦《にしき》、嬰孩《ようがい》髪を垂れて白きこと糸の如し。」僧云く、「如何なるか是れ奪境不奪人。」師云く、「王令已《すで》に行われて天下に徧《あまね》し。将軍塞外に烟塵を絶す。」僧云く、「如何なるか是れ人境両倶奪。」師云く、「幷汾絶信《ぜっしん》、独処一方《どくしょいっぽう》。」僧云く、如何なるか是れ人境倶不奪。」師云く、「王、宝殿に登り、野老、謳歌《おうか》す。」

注釈

【晩参】
夜の説法、古来この段を「臨済の四料揀《しりょうけん》（四つの分類、四つの標準）」と呼ぶ。『古尊宿語録』七、風穴禅師語録「（南院）又問う、『汝道え、四種の料簡《りょうけん》の語、何法をか料簡す。』対《こた》えて曰く、『凡そ凡情に滞らざれば、那《な》んぞ聖解に堕せん。学者の大病なり。先聖之を哀んで、為に方便を施す。楔の楔を出すが如し。』」

【奪人不奪境】
人は主観・自己、境は客観・万境《ばんきょう》（法）。自己を奪って万境すなわち万法に帰せしめる事。

【奪境不奪人】

万境すなわち万法を奪って自己一枚〈一真実の自己〉のみになる。

【人境倶奪】

自己と万境もともに奪い絶対否定の立場。

【人境倶不奪】

一度否定された自己と万境を蘇《よみがえ》らせ絶対肯定する立場。

【時に僧有り、問う】

『伝燈録』十二（大正蔵五一）「涿州紙衣和尚、初め臨済に問う、『如何なるか是奪人不奪境と。』」以下四料揀全文を録す。

【煦日発生して地に鋪く錦、瓔孩髪を垂れて白きこと糸の如し】

煦日は春の日差し。発生は春になり百花繚乱《りょうらん》たる春の光景。万境そのもの。瓔孩《ようがい》は幼児・みどり児。現実に有り得ぬ幼児の白髪を示し、「人」を否定したもの。

【王令已に行われて天下に徧し。将軍塞外に烟塵を絶す】

ころ。

「王令已に行われて天下に徧し。」は、天下に王令が遍くゆき渡って天下太平であること。「将軍塞外に烟塵を絶す。」は、辺境に戦火なく、蛮族の侵入を知らせる烽火《のろし》をあげることもなく、将軍は仕事がない。天下（境）が王令（人）に一つになり、尽大地自己のみのところ。

【幷汾絶信、独処一方】

幷汾は幷州と汾州（現山西省太原市・汾陽県）。幷州・汾州二州が中央政府に背《そむ》き辺境に孤立した状態に寄せて、人（中央）と境（幷汾）ともに奪い、否定一枚の境涯を示した。

【王、宝殿に登り、野老、謳歌す】

聖王が宮殿に登って天下を見渡すと、田夫野人が歌舞する。天下太平無事にして、人・境ともにあり絶対肯定の姿を示している。『帝王世紀』撃壌歌、「帝堯《ぎょう》の世、天下太《はなは》だ和し、百姓無事、老人あり、壌を撃ちて歌う。歌に曰く『日出て作し、日入りて息う。井を鑿《ほ》りて飲む。田を耕して食う。帝力我において何かあらんや。』」

訳

師は夜の説法で修行僧たちに言った。「あるときは人（主観・自己）を奪って境（客観・万境）を奪わず。あるときは境を奪って人を奪わず。あるときは人も境もともに奪う。またあるときは人も境もともに奪わず。」と。

そのとき一人の僧が尋ねた。「〈奪人不奪境〉とは、どういうことですか。」と。

師は言った。「春の日差しが万物を照らし、地は百花繚乱《ひゃっかりょうらん》、錦《にしき》を鋪《し》いたようである。また一方ではみどり児が髪を垂らしており、その白髪の白さは絹糸のようである。境は見事であり不奪境であるが、白髪の幼児はいない。奪人である。」と。

僧はたずねた。「〈奪境不奪人〉とはどういうことですか。」と。師は答えた。「天下太平で、王令が遍《あまね》く行き渡っている。辺境の守備にあたる将軍も外敵が攻めてきた合図の烽火《のろし》を上げる必要がなくなった。万境を尽くし切って尽大地自己のみの境である。」と。

また僧がたずねた。「〈人境両倶奪〉とはどういうことですか。」と。師は言った。「辺境の幷州《へいしゅう》・汾州《ふんしゅう》（山西省、大原・汾州）が唐朝に背《そむ》き、朝貢を絶って独立したようなものだ。

自己も万境も尽くし切ってしまった。」と。

僧はまた尋ねた。「〈人境倶不奪〉とはどういうことですか。」と。師は言った。「国王が宮殿の高楼に登られれば、平和に満ち足りた田夫野老は歓呼する。自己も万境も天下太平である。」と。

臨済の四科揀（四つの分類・四つの標準）として有名である。人は主観・自己を表し、境は客観・万境（法）を表す。

まず「人を奪って境を奪わず」、従前の悪智悪覚を蕩尽して、自己を万法のうちに帰せしめることである。次に「境を奪って人を奪わず」、目前の万境を奪って天地一枚の自己になり切ることである。つづいて「人境倶に奪う」は、修行者が大事にしている天地一枚の自己も、ありがたい仏の世界だとみる客観的世界もともに掃尽してしまうのである。そして最後に「人境倶に奪わず」、一度否定された現実的な自己も客観的世界も新たに肯定されるのである。

これら四つは、段階的なものでなく、一つのものを四つの面で表現したものに過ぎないのである。

ただ臨済は、四喝や四照用のように修行者の段階に応じて、種々の接得の手段を用いたことが、『臨済録』の内容を豊富にしていると言える。

提唱

――師、晩参、衆に示して云く、有る時は奪人不奪境。有る時は奪境不奪人。有る時は人境倶奪。有る時は人境倶不奪――

臨済禅師の一一五〇年にあたりまして、臨済録の講義をいたしております。臨済録はご存じの通り、臨済禅師の唱えられた集録でありますが、現在は宋時代の本が残っております。五家七宗と沢山の禅宗が栄えたのでありますが、臨済録のみこうして読まれておる。我々臨済宗にとっては非常に幸いするところであります。この頃、唐の中央集権体制が崩れて節度使が栄えてくる。それで臨済の講席に出てくる人も節度使の人が出て来ておる。

宋時代の節度使の馬防という人が序文を書いておりますが、馬防なんかは肩書が五つくらいありまして、官吏だということを強調しておりますね。延康殿の学士・金紫光禄の大夫・真定府路の安撫使兼馬歩軍の都総管兼知成徳軍の府事、成徳府庁におりましたから成徳軍の府事という肩書きを臨済録の序文に載せておりますね。それだけ官吏であるということを強調しております。

馬防はこのように序文を書いておりますけれども、肩書のある政府の高官であります。私がこれを見たのは御茶ノ水の成簣堂文庫で、徳富蘇峰が所持していた本を見させていただいて、そうして臨済録を書きました。

現在使っておるのは宋時代の一一二〇年、徽宗皇帝の宣和庚子に作ったもので、臨済没後二百五十四年後の作品であります。これは宣和本と呼ばれておりますけれども、最初の四家語録の頃は何処の誰で今までにはこうしたことが述べられたということになっておりますが、この宋時代に出来ました本は、まず最初に上堂。一無位の真人ということを述べまして、続いて示衆。衆に示すという分類になっております。その中に四料揀といって、四つの分類、四つの標準。それから真正の見解とずっと続くわけでありますが、今日はその中の示衆の一つの項目でありま す、四料揀ということを講義いたします。

師、晩参、衆に示して云く、有る時は奪人不奪境。有る時は奪境不奪人。有る時は人境ともに奪い。有る時は人境ともに不奪という四つの分類、四つの標準を掲げて、何とか分かりやすくしようということと、四という数字というものは非常に流用された。生老病死。人生の一生を生老病死と喚んで一括りにするということが流行ったのであります。

第一に奪人不奪境、僧問う如何なるか是れ奪人不奪境。奪人不奪境とはどういうことか。師云く、煦日発生して地に鋪く錦、瓔孩髪を垂れて白きこと糸の如しと。まず第一は奪人不奪境、人を奪って境を奪わず。と言われても学人には分かりにくいので、分かりやすく、煦日発生して地に鋪く錦、瓔孩髪を垂れて白きこと糸の如し、と分かりやすく説明していただいたのでありますが、これだけではちょっと分かりにくい。煦日、春の日の照る中に百花爛漫な所に瓔孩髪を垂れて白髪の如き現実であると。人を奪って不奪境の地域はどうか。春の日は新々として照らしておるが、白髪を垂れた子供がおる。現実の境は見事であるけれども人の方は不十分である。瓔孩髪を垂れて白きこと糸の如し。人は人格を奪われ境はそのまま残されておる。奪人不奪境と。主観すなわち自己を奪って、万境万法に帰せしむるということを言いたいところですけれども、臨済は難しいことを言っておる。

二番目の奪境不奪人。境を奪って人を奪わずというのはどういうところか。師云く、「王令已に行われて天下に徧し。将軍塞外に烟塵を絶す」という境地である。万境奪って自己一枚のところである。

第三番目の人境両倶奪はどういうところか。師云く、「弁汾絶信、独処一方。」と。中国は広いです。ひと月前に行きましたが、三時間も四時間も大きな汽車に乗って行っても、まだ河北省であるというように広いところ。弁汾というのは并州、汾州。山西省、河北省であるけれども広いところでそれだけでも、もう天下を示しておる。独処一方と。

第四番目。僧云く、如何なるか是れ人境倶不奪。ともに奪わざるところはどこか。王、宝殿に登り、野老、謳歌す。人民共々が王政を楽しんでおると。

よく仁徳天皇の時の絵がこの人境倶不奪のところに出ます。王、宝殿に登れば野老謳歌すというところに出てくるんですけれども、仁徳天皇は十六代だったか、その前の応神天皇や神功皇后は戦争をおこして朝鮮半島に攻めて行ったんですね。そうすると当然、軍費がいるから人民からたくさんの軍費を調達して、あまり良い政治ではなかった。次の仁徳天皇の時になって、税金を取らず、外に征伐に行くことを止めました。今も昔も税金というのはあまり歓迎されないと見えて、税金は要らないと仁徳天皇はおっしゃって、民の竈は賑わいにけり。今まで軍費で税を取られておった。税金がいらないとなると、皆が自分たちの米をゆっくりと炊くことが出来る。民の竈は賑わいにけりとなって世の中が安定してきた。政治的なことは分かりませんが、政治に同ずるところはあると思われます。人境倶不奪。師云く、王、宝殿に登れば、野老謳歌す。仁徳天皇が出座されると、皆が万歳万歳と唱えて天下太平である。戦争に敗けて軍備を放棄した日本では、もう何年も鉄砲の音を聞かんですんでおるというような平和な時代ですけれども、まさに、その王、宝殿に登り、野老、謳歌す。

その時代の詩ですか。日入れば憩う。日出でて米を耕す。そうして帝力我に何か有らむや。それだけで十分、天皇の威力は続いておるぞと。明日に鍬を担いで外に出て、そうして平和に過ごす。この時代は本当に天下太平であった。むやみに軍費を出して、そして外に遊んで歩いてというようなことではだめだと。日、出でては耕し、日、降りては息う。井を鑿りて飲み、田を耕して食う。帝力我において何をかなさんや。もうそれで我々は十分なんだ。もう、天皇の威力を発揮して外征するとか、そんなことをして貰わなくてもいい。帝力我において何をかあらんや。それで我々は充分なんだと。

仁徳、だから後から贈ったんでしょうな。仁徳天皇と言われて立派な天皇で、臨済録でも第四番目の人境両倶不奪である。

南禅院も割合寒いですね。ひと月前、中国河北省の臨済宗の宗祖の所に行ってきましたけれども、寒いと言ったら徹底寒い。こんな所でよく生活しとるなぁと思うくらいの寒さでありました。それからもうひと月経っておりまして、もっと寒くなってるんではないかと思いますが、臨済宗祖はそういう所で刻苦修行して、中国中を回って、四料揀という四つの修行の基準を我々に伝えました。

何より、人を追いこまなくても随処に主となれば立処皆真なりである。本日はこの四料揀を読みまして終わりといたします。では初めから終いまで。

四料揀。四つの標準、四つの分類。

師、晩参、衆に示して云く、「有る時は奪人不奪境。有る時は奪境不奪人。有る時は人境ともに奪う。」有る時は人境ともに奪わず。時に僧有り、問うと、「如何なるか是れ奪人不奪境。」師云く、「煦日発生して地に鋪く錦、孾孩髪を垂れて白きこと糸の如し。」「如何なるか是れ奪境不奪人。」師云く、「王令已に行われて天下に徧し。将軍寒外に烟塵を絶す。」僧云く、「如何なるか人境両倶奪。」師云く、「幷汾」、これは「へいしゅう」と「ふんしゅう」ですね。それぞれ「独処一方である。」僧云く、「如何なるか是れ人境倶不奪」ともに奪わないところはどういうところか。「王、宝殿に登れば、野老、謳歌す。」結構な世の中だと、野老謳歌す。これが四つの標準。四つの分類で、臨済録の上堂が済みまして、示衆、一般の雲水に講義をされた中の一つの四料揀が四つの標準であります。

今日は四つの標準、臨済宗全体から言えば、上堂の次の示衆、衆にこういうことを示すというところの四料揀。衆に示す中で四つの分類があるぞ、その四つの分類はかくのごとし。そうしたところであります。

それでは、本日はこれで講了といたします。

臨済寺大雄宝殿

大悲千手眼

師因一日到河府府主王常侍請師陞座時麻谷出問大悲千手眼那箇是正眼師云大悲千手眼那箇是正眼速道速道麻谷拽師下座麻谷却坐師近前云不審麻谷擬議師亦拽麻谷下座師却坐麻谷便出去師便下座

訓読

師、因《ちな》みに一日河府《かふ》に到る。府主王常侍、師を請《しょう》じて陞座《しんぞ》せしむ。時に麻谷《まよく》出でて問う、「大悲千手眼《だいひせんじゅげん》、那箇《なこ》か是れ正眼《しょうげん》。」師云く、「大悲千手眼、那箇か是れ正眼、速やかに道《い》え。速やかに道え。」麻谷師を拽《ひ》いて座を下《くだ》らしめ、麻谷却って坐す。師近前して云く、

「不審《ふしん》。」麻谷擬議す。師も亦《ま》た麻谷を拽いて座を下らしめ、師却って坐す。麻谷便ち出で去る。師便ち出で去る。師便ち下座《げざ》す。

注釈

【因みに】
ある時。

【河府】
河北成徳府《かほくせいとくふ》。

【麻谷】
麻谷山の僧。『伝燈録』十二、臨済の章（大正蔵五一）には麻谷山二世とある。『聯燈会要《れんとうえよう》』四（卍続蔵第一三六冊）、『禅林類聚』十（卍続蔵第一一七冊）は麻谷宝徹、すなわち馬祖道一《ばそどういつ》の嗣、麻谷山第一世とする。時代的には麻谷山第二世とみられる。

【大悲千手眼】
千手千眼の観音菩薩のこと。大悲は千手で、般若の働きの象徴、千眼《せんげん》は般若の大智を表現。

【麻谷却って坐す。師近前して云く、「不審。」麻谷擬議す。師も亦た麻谷を拽いて座を下らしめ、師却って坐す】

麻谷と臨済が自由に立場を互換して、正法の働きを見せる。

【不審】

僧侶の相見《しょうけん》のときの礼語、こんにちは、御機嫌《ごきげん》いかが。『僧史略』上による。

訳

臨済はある日、河北の成徳府に行った。王知事は説法を請うた。臨済が法座に上がると麻《ま》谷《よく》が進み出て問うた。「千手眼《せんじゅげん》の観音菩薩の眼はどれが正眼《しょうげん》でしょうか。」臨済はこの問いに対し「千手眼の観音菩薩の眼はどれが正眼か。さあ云え。」と。すると麻谷は臨済を法座から引き下ろし、自分が代《かわ》って坐った。臨済は麻谷に近づいて、「ご機嫌はいかがですか。」と。麻谷が何か云おうと躊躇すると、臨済は麻谷を法座から引き下ろし、今度は自分が代わって坐った。麻谷はさっと出て行った。臨済もまた法座より下りた。

禅問答において、問う僧と答える僧と互いに力量が接近している場合、激しさの中に爽やかさを含んだ代表的な「賓主互換《ひんじゅごかん》」の問答の例。二人の生き生きした大悲正眼のやりとりが、そのまま正法の眼であり、正眼である。

提唱

――師、因みに一日河府に到る。府主王常侍、師を請じ陞座せしむ。時に麻谷出でて問う、「大悲千手眼、那箇か是れ正眼。」師云く、「大悲千手眼、那箇か是れ正眼、速やかに道え。速やかに道え。」麻谷師を拽いて座を下らしめ、麻谷却って坐す。師近前して云く、「不審。」麻谷擬議す。師も亦た麻谷を拽いて座を下らしめ、師却って坐す。麻谷便ち出で去る。師便ち下座す。――

昨年より臨済録を読んでおります。今日のところは、大悲千手眼。麻谷と臨済とが互いに賓主互換して、そうして禅風を示す。そういう一つの場面であります。臨済録でありますから、「師」と言うのはここでは臨済であります。

師、因みに一日河府に到る。府主王常侍、師を請じ陞座せしむ。

師がある時、河府に至り、府主王常侍に会う。王常侍はご存じのように、河北省の地方長官で節度使と言って実権を握っておった。臨済禅師の師風を聞いて師を請じて、時には軍営の中で、時には自宅で提唱を聞いておられた。

その時のこと、提唱を聞きにきておられた麻谷和尚というのが出でて問う。大悲千手眼、那箇か是れ正眼と。観世音菩薩に千手千眼観音というのがあるが、千眼のうちどれが正眼か。すると師云く、大悲千手眼、那箇か是れ正眼。師はそのまま問いをかえす。麻谷は師を拽いて座を下らしめて自分が坐す。師近前して、近寄って云く、不審。麻谷擬議す。不審というのはご機嫌如何ですか、麻谷擬議す。師すなわち麻谷を拽いて座を下らしむ。躊躇するところがあってはもうだめだ。師却って坐す。麻谷を下らしめて、かえってその上に坐ってしまって、麻谷はそのまま出で去る。師便ち下座す。

それで一場の、師と麻谷との禅の一戦が終わって、聴いている者に賓主互換というところを示す。

南禅院に雲龍窟《うんりゅうくつ》という、私も来年になると同い年くらいになる老僧が住んでおられて、烟《えん》霞室《かしつ》という人が絶えず保護して袈裟を着けさせた。烟霞室も一場の主でありますけれども、雲龍窟は八十何歳、南禅院のような所で生活をしておられて不便であろうと思って、いつもは来ておらんが、出頭の時は来ておった。連磬が鳴ると袈裟をつけて、そして東司《とうす》出頭といって、袈裟の両側を持って、用を足させて、そしてまたそのままで少しも不自然ではなかった。雲龍窟の東司出頭と言って烟霞室も親切にやっておられた。

ここでは賓主互換。王常侍が師を請じて、麻谷と臨済と、互いに大悲千手眼、那箇か是れ正眼。という立場を示して高座に上がらしめ、また下ろす。なかなかこれも役者が揃わんといかん。賓主互換の呼吸というものは禅機満々で、禅の機がお互いに合わないと、何のことか分らなくなる。賓主互換ということが出来るだけの境涯でなければだめだ。

麻谷と臨済と境涯が同一。四代前の管長雲龍窟老師と下呂禅昌寺師家烟霞室も師弟ではあるけれども、同じような境涯。東司に行っときなさいよと言って袈裟を引っ張って、そして別に不自然でもなかった。ここが賓主互換のところ。

師、因みに一日河府に到る。そこは河北省の一つの城市のようなもので、王常侍がその時の官僚である。師を請じ陞座せしむ。師を講座に請じて今日は提唱をお願いします。時に麻谷出でて問う。

大悲千手眼那箇か是れ正眼。あれだけたくさんの千手千眼。手の中に眼があったと言われておるが、その千ある中で、どれが正眼であるか。

逆に麻谷は、師を拽いて座を下らしめて自分が座に上がった。師、近前して云く、不審。麻谷擬議す。こんにちはと講座台の前で挨拶をすると、麻谷は講座台の上で少し擬議す。師は麻谷を拽いて座を下らしむ。僅かでも擬議が入ればだめだ。麻谷を引き下ろします。そして師却って坐す。麻谷もそのまま便ち出で去る。師、便ち下座す。

これで一場の芝居、賓主互換の芝居が終わる。最近でも賓主一体になれば雲龍窟と烟霞室と、そういう場面が度々見られる。

私もよく雲龍窟と九州の方に行ったけれども、大分の萬寿寺の別院に行って、ご存じのようにあそこは一番最後のところは急な石段になっておる。上がるのに後ろから押そうと思う。でももう八十八になっておられたから、ちょっと慈悲心を起こしたというか、後ろから押しかけたら手をはねられた。自分一人でさっさと上がって、八十八になってもいけるぞと元気いっぱいである。

私も来年が八十八くらいになると思うけれども、萬寿寺の一番最後の上の階段。九州の寺院はみな階段があって一番最後程急になっておるように思う。現実、全て行ったわけでないから分からんけれども、萬寿寺別院は確かに終いが急である。二、三年前か行った時には、足を悪くして上がることは出来なかったけれど、最近は足が良くなって高い山にも時々上がってみる。

本日はこれまで。

光陰可惜

道流你莫認著箇夢幻伴子遲晩中間便歸無常你向此世界中覓箇什麼物作解脱覓取一口飯喫補毳過時且要訪尋知識莫因循逐樂光陰可惜念念無常麤則被地水火風細則被生住異滅四相所逼道流今時且要識取四種無相境免被境擺撲

訓読

道流、你、箇の夢幻の伴子《ばんす》を認著すること莫かれ。遲晩中間《ちばんちゅうげん》、便ち無常に帰せん。你、此の世界の中に向かって、箇の什麼《なに》物をか覓《もと》めて解脱と作さん。一口の飯を覓取《みゃくしゅ》して喫し、毳《ぜい》を補《と》って時を過すも、且く知識を訪尋せんことを要す。因循《いんじゅん》として楽を逐《お》うこと莫かれ。光陰惜しむべし、念念無常なり。麁《そ》なるときは則ち地水火風を被《こうむ》り、細《さい》なるときは則ち生住異滅の四相の所逼《しょひつ》を被る。道流、今時《こんじ》、且く四種無相の境を識取して、境に擺《はい》撲《ぼく》せらるるを免れんことを要す。

注釈

【夢幻の伴子】
夢、まぼろしの中だけのお伴。頼りにならない形骸。

【遅晩中間】
遅かれ早かれ。老少不定。

【箇の什麼物をか覓めて解脱と作さん】
仏法の外に解脱を得るものはない。

【一口の飯を覓取して喫し】
美食を求めず、修行をもっぱらにすること。

【毳を補って】

毳は細い毛織物。衣を補う材料。

【因循】　ぐずぐずして。

【地水火風】　色身は地大、水大、火大、風大の四大より成り立つといわれる。

【生住異滅】　あらゆる現象形態を生起、持住、変異、消滅の四相に分けたもの。

【擺撲】　（中）Paipa 惑乱する。振り廻す。

訳

修行者よ、お前たちは夢、まぼろしのつれあい、その形骸を主人と間違えてはならぬ。そんなものは遅かれ早かれ死んでしまうものである。お前たちはこの無常の世の中で、何を求めて安心解脱《あんじんげだつ》を得ようとするのか。腹が減らない程度の飯を喫し、寒さを凌ぐ衣を着て、清貧な生活をしている真正な良師を訪ねて教えを請うべきである。ぼんやりと気楽に過ごしてはならない。光陰惜しむべしである。一日一日、一瞬一瞬、死に近付いている。この身は四大といわれる地水火風より成り立っているが、その色身が一瞬一瞬、生住異滅の四相の転変に追い立てられているのだ。修行者たちよ、今こそ、この四大四相の転変は無相であるということを見てとって、外境に振り回されぬようせねばならないのだ。

自分を取り巻く環境を実在と思ってはならぬ。極大に見れば地水火風に、極小にみれば生住異滅の転変に一瞬一瞬、追いたてられているのだ。これらの四種が無相であるという境地を得ねばならぬぞ。

提唱

――道流、你、箇の夢幻の伴子を認著すること莫かれ。遅晩中間、便ち無常に帰せん。你、此の世界の中に向かって、箇の什麼物をか覓めて解脱と作さん。一口の飯を覓取して喫し、毳を補って時を過すも、且く知識を訪尋せんことを要す。因循として楽しみを逐うこと莫かれ。

光陰惜しむべし。――

一年間臨済録を読ませていただきましたが、この間に色々なことがありました。臨済禅師の生誕の地に行った時は、北京に大雪が降って旅客機が飛ばなくなって、空港で七時間も飛行機の中に閉じ込められて、それでも無事に帰ることができました。一年の間に色々な事態が起ったのであるけれども、今日をもって終わることが出来ます。

道流、你、箇の夢幻の伴子を認著すること莫かれ。諸君よ、修行者よ、この世界で夢まぼろしの中に生きておる。ぼんやりと思うなよ。遅かれ早かれ、遅晩中間。便ち無常に帰すぞ。你、此の世界中に向かって、世界の地に向かって、箇の什麼物かを解脱と作さん。仏法の世界の中に什麼を解脱とするか。一口の飯を覓取して、腹の減らない程度に飯をとって喫し、毳を補して過ごすとも、且く知識を訪尋せんことを要す。

ちょうどでいい、腹いっぱい食べなくても。それでも雲水の頃は我々も赤椀で十一杯を食ってえらい目にあったことがあるけれども、一口の飯でいいんだ。そして寒さを防ぐ程度の物、毳を過ごすも、まず禅知識を求めて訪ねんことを要す。

良い師を選んで、そして修行を積めよ。清貧に徹して、そして因循としてぼんやりと時を過ごすな。楽しみを追って過ごすことはないぞ。光陰惜しむべし。

僧堂の門をくぐって、何とか修行をしよう。念念無常なり。一瞬一瞬を大切にしてやってきた。大まかに見れば、麁なるときは則ちこの身は地水火風という四大を被っておるが、これが現象の元である。そして細やかに見れば、則ち生住異滅の四相を被る。生起、持住、変異、消滅。あらゆる現象形態の影響を受けとる。所逼を被る。

お前たちよ。今時、且く四種無相の境を識取せんことを要す。地水火風の、四種というのは地水火風の生住異滅。あらゆる現象に追いかけられるけれども、今時、且く四種無相の境を識取せんことを要す。

これら生住異滅の四相、全て無相の境に転じていく。あらゆる現象の形に追い立てられることなく、転変の中では無相であるべきである。外境に振り回されるな。境に擺撲せられることを免れんことを要す。振り廻されるな。今日は少し気温が暑いが、四相に、四つの外境に振り廻されないようにせねばならんぞ。それら転変は無相である。無相の境である。

妙心寺のご開山さんは無相大師と申し上げとったように思ったが、無相の境を識取して、外境に振り廻されることがないようにせよ。光陰惜しむべし。一瞬一瞬、無駄にすることはないぞ。

　一年間、途中色々な境に振り廻されるということが多かった。例えば、此処に帰って来てまた臨済録を講義せにゃあならんと思っておったのに、飛行機が北京で飛ばなくなって留められて、そのような色々な外境の影響を受けたけれども、それらに振り廻されることはないぞ。

　臨済禅師は我々の宗祖である。そして趙州和尚とか、色々な和尚の影響を受けて、臨済の宗は現在に伝わっておるけれども、宗祖は臨済禅師である。こうして四種無相の境を識取して、そういう外境に振り廻されないようにしていかなければならない。

　一年間皆さんと一緒に講義してまいりましたが、本日をもちまして一年間十回が終わりました。これからも光陰惜しむべし。楽しみを追って因循として過ごしてはいけない。ぼんやりとしておると、今日は何をしたかなぁと。ひとつでも禅の真実に繋がることをしなかったら、夜になっても寝る気にならん。何か仏祖のために尽くしたか。そういう気持ちでやっておる。光陰惜しむべし。講了の偈を読んで終わりとします。

講了之偈

看看面目無位人
説来談去臨済真
今朝掩巻休何処
喝月打雲楽道貧

右

香南軒

看《み》よ看《み》よ面目無位《めんもくむい》の人《ひと》
説《と》き来《き》たり談《だん》じ去《さ》り臨済《りんざい》の真《しん》
今朝巻《こんちょうかん》を掩《お》うて何《いず》れの処《ところ》にか休《きゅう》せん
月《つき》に喝《かっ》し雲《くも》を打《だ》して道貧《どうひん》なるものを楽《たの》しまん

著者紹介

中村文峰（なかむら ぶんぽう）
軒号　香南軒（こうなんけん）

昭和 5 年　山口県生まれ
昭和 15 年　山口市洞春寺にて得度
昭和 27 年　京都南禅僧堂入堂
昭和 47 年　南禅寺塔頭慈氏院住職
昭和 48 年　二松学舎大学大学院博士課程修了
昭和 53 年　虎渓山永保寺住職、虎渓僧堂師家
平成 14 年　臨済宗南禅寺派管長（現任）
著書に『禅語般若心経』『禅語百景』『禅・十牛図』『現代語訳 夢中問答』『忘れられた〈恩〉のはなし』（以上春秋社）ほか。

臨済録提唱

2016 年 10 月 25 日　第 1 刷発行

著者　中村文峰
発行者　澤畑吉和
発行所　株式会社春秋社
〒 101-0021 東京都千代田区外神田 2-18-6
電話　03-3255-9614（編集）03-3255-9611（営業）
振替　00180-6-24861
http://www.shunjusha.co.jp/
印刷・製本　萩原印刷株式会社
装幀　河村誠

ISBN978-4-393-14284-4 C0015
定価はカバー等に表示してあります